CW01064805

Paco

RABANNE

La iluminación del budismo

Entrevistas con Bokar Rimpoché

Barcelona • Bogotá • Buenos Aires • Caracas • Madrid • México D.F. • Montevideo • Quito • Santiago de Chile

Título original: *Les lumières du Bouddhisme*

Traducción: Teresa Clavel

1.ª edición: marzo 1998

Bailén, 84 - 08009 Barcelona (España)

Printed in Spain
ISBN: 84-406-8030-9
Depósito legal: NA. 220-1998

Impreso por GraphyCems
Ctra. Estella-Lodosa, km 6
31264 Morentin (Navarra)

Paco
RABANNE

La iluminación del budismo

Entrevistas con Bokar Rimpoché

PREFACIO

TODA LA SABIDURÍA DEL MUNDO

Recuerdo el mundo.

Todavía oigo el estrépito de las bombas destruyendo Guernica, donde me encontraba con mi familia durante la guerra civil española, tres años después de mi nacimiento. En mis oídos resuena el grito de los heridos y el lamento de los exiliados. Recuerdo el dolor de mi madre cuando mi padre, que estaba al mando de las fuerzas republicanas del Norte, cayó bajo las balas de un pelotón de ejecución. No he olvidado esa guerra, ni tampoco la que desgarró las naciones en 1940. Tan sólo tenía seis años, pero el peregrinaje y el dolor ya me habían lanzado a la edad adulta. Recuerdo lo que viví a continuación, la Escuela de Bellas Artes y las clases de arquitectura, el camino recorrido por la vía del conocimiento, la moda y los viajes.

Recuerdo épocas, e imágenes surgidas de lo más recóndito de mi memoria atraviesan mi mente... Me veo a mí mismo en esas imágenes. Reconozco en ellas mi rostro de entonces; yo soy el actor. Siendo aún un niño tuve la oportunidad de contemplar, como si mi cuerpo se disociara de mi espíritu, mi vida..., mis vidas pasadas.

Al principio aquello me produjo una conmoción terrible y perturbadora, aunque enseguida comprendí que esa facultad, descubierta a la edad de siete años, enriquecería mi existencia y, en cierta medida, la iluminaría. Gracias a ella, mi alma ha comulgado en algunas ocasiones con la eternidad. Ha atravesado los tiempos: el Kritayuga de la tradición hinduista, que corresponde a la Edad de Oro de los griegos y se extiende a lo largo de casi veintiséis mil años; el Tetrayuga o Edad de Plata; el Dvaparayuga o Edad de Bronce; y el Kaliyuga o Edad de Hierro, período de peligros que comienza en el momento de la muerte de Krishna y abarca las eras de Tauro y Aries, así como la era cristiana, la de Piscis. En suma, pude descubrir en las convulsiones del siglo actual, un siglo de transición, las turbulencias anunciadoras de la era de Acuario, época de claridad e iluminación prometida a la humanidad siempre y cuando ésta supere los peligros que la acechan.

Anteriormente compartí las experiencias espirituales que a veces me han permitido elevar mi conciencia un poco más*. Ahora quisiera hacer que se oyesen otras voces.

Esas voces que se alzan en un mundo revuel-

* *Trajectoire. D'une vie à l'autre*, Michel Lafon, 1991; *La fin des temps. D'une ère à l'autre*, Michel Lafon, 1993; *Le temps présent. Les chemins des grands initiés*, Michel Lafon, 1994.

to nos dicen que, pese a las apariencias, los hombres están dotados para ser felices. Nos explican que somos capaces de salvar los obstáculos que se alzan ante nosotros, de vencer a los demonios familiares que se interponen en nuestro camino: egoísmo, miedo, inhibiciones, mentira, violencia, cobardía, instintos destructores y autodestructores...

Estamos hechos para la paz, y sin embargo labramos nuestra desdicha. ¿Acaso somos masoquistas? No; al contrario, hemos convertido el placer en un valor y tememos el sufrimiento. ¿Somos, entonces, inconscientes? Tampoco, pues la información jamás ha circulado a tanta velocidad ni ha llegado tan lejos. Ningún historiador podrá decir que la civilización occidental ignoraba que estaba precipitándose hacia la perdición. Los cuerpos, las mentes, las almas y el propio planeta, degradado y superpoblado, se hallan sumidos en un desorden extremo. Cabe dudar que la humanidad sea capaz de traspasar sin tropiezos el gran umbral de la era de Acuario.

Con todo, algunas voces de las que ni la televisión ni la radio se hacen eco nos dicen: «Padecéis de amnesia. Habéis perdido vuestros puntos de referencia, ya no sabéis dónde están los caminos correctos. Nosotros somos los últimos depositarios de la sabiduría antigua. Nosotros podemos devolveros la memoria, ¡pero no tardéis demasiado!»

Recuerdo el mundo... y un saber acumulado

que jamás se perdió. Al igual que un hilillo de agua se desliza sobre la roca y desaparece en una falla para reaparecer varios kilómetros más allá, esa sabiduría común de la humanidad se ha alejado de nosotros. Tal vez eso forme parte de un proyecto, de un plan. Para que lleguen los tiempos confusos del Kaliyuga, ¿es preciso que desaparezca por completo la virtud y que el hombre deje de comprender su propia condición? No está claro.

Algunos grandes sabios han resistido esa erosión y permanecen en pie al borde del abismo donde se ahoga nuestro espíritu. Esos sabios son el sanador al pie de las montañas Rocosas, el chamán a orillas del Orinoco, el brujo animista en Níger, el monje en Lhassa, el general de los jesuitas, el gran maestro zen en un templo japonés, el patriarca Weyewa en Indonesia, la monja carmelita de clausura, el guardián del Diente en Kandy. De su boca continúa manando la fuente de nuestra sabiduría sepultada. Ellos conocen los secretos de la paz interior que nosotros tanto necesitamos. Escuchémoslos antes de que la muerte se los lleve, antes de que su memoria se agote, antes de que la sal se disuelva. Ha llegado el momento de que, a través de su palabra, resurja nuestra memoria perdida. En esta obra es en la que debemos poner todo nuestro empeño.

Yo también ansío su quietud, su luz, su serenidad. ¿Podemos alcanzar su alegría de existir? ¿Con qué medios? ¿Necesitamos quizás una gracia particular que nos resulta inaccesible? ¿Existen técnicas que deberíamos aprender de nuevo? Recuerdo el mundo..., pero ya no sé responder a esas preguntas. Todo cuanto puedo decir es que su sabiduría es también la nuestra. La poseemos en régimen de indivisión, si bien nosotros, los occidentales, hemos perdido nuestras parcelas.

Yo me acercaré a ellos y me limitaré a preguntarles: ¿Quién soy y qué parte de lo que podría ayudarme a vivir he olvidado?

Intuyo que son generosos y que se sienten inclinados a socorrernos. Tenderé mi alma y mis manos abiertas. Estoy seguro de que allí encontraré... toda la sabiduría del mundo.

Mis primeros pasos me conducen a la India, al encuentro de Bokar Rimpoché, monje tibetano y uno de los más grandes maestros de la meditación budista.

Lo que más me fascina durante estas conversaciones es su expresión de alegría luminosa. Me pregunto si Bokar Rimpoché es feliz. Me guardaré muy bien, sin embargo, de interrogarle al respecto, ya que en cuanto empezamos a charlar me doy cuenta de cuán alejada se encuentra la idea budista de la felicidad de la nuestra.

La felicidad al estilo occidental siempre me ha parecido una gigantesca ilusión infantil, incluso una búsqueda de aprendiz de brujo que, como todas las locuras de ese tipo, desemboca en la autodestrucción. Corremos tras esa piedra lunar sin detenernos a reflexionar sobre la realidad de su existencia. Durante la juventud esperamos los beneficios mágicos del amor apasionado, en la madurez nos consideramos traicionados y más tarde, definitivamente perjudicados. Algunos sacrifican todo el placer del instante presente para conseguir un poder que antes o después, incapaces de resignarse, acaban perdiendo. La modernidad ha pretendido hacernos creer que la comodidad nos conduciría por los caminos de la satisfacción, pero la comodidad tiene un precio muy elevado, sobre todo para el planeta, y, si bien en ocasiones proporciona el bienestar, no es susceptible de ofrecer, por añadidura, júbilo. Por lo demás, ¿basta la comodidad cuando deslumbran los destellos de artilugios sofisticadísimos o los esplendores de un lujo cada vez más exigente que jamás llega a saciar a tantos y tantos adictos a la publicidad, convertidos en nuevos adoradores del becerro de oro? Mientras tanto, los menos favorecidos temen perder sus escasos privilegios —e incluso su empleo— y se revelan incapaces de sobrevivir en condiciones precarias, salvo recurriendo a una caridad en la que el afecto desaparece bajo el malestar y el desprecio. Y todos, ricos y pobres, se sienten taladrados por un mismo temor, pues en definitiva el sacrosanto progreso sigue sin evitar que muramos.

En una palabra: sufrimos. Y Bokar Rimpoché no se equivoca al combatir más el sufrimiento que la búsqueda irracional de unos beneficios ilusorios que supuestamente nos curarían de todo. Él sabe, además, que si de unos años a esta parte tantos occidentales recurren al budismo es porque confían en liberarse de esos dolores más o menos nobles que les impiden saborear la vida. Una vez más, sin embargo, cabe preguntarse si los occidentales saben hacia dónde se dirigen. ¡No, el budismo no consiste en desprenderse de las cosas de este mundo para no tener que padecer nunca más por ellas! No, no hay que entender la meditación como un modo de encerrarse en una burbuja protectora; aislarse de los demás no es la manera adecuada de protegerse de cualquier peligro. Finalmente, y en especial, el budismo no niega la existencia de lo que nos rodea y de los acontecimientos que vivimos; simplemente, nos pone en guardia contra la visión que tenemos de ello, la mayoría de las veces errónea, fuente de desprecios, de frustraciones inútiles y de exacerbación de nuestros males.

Ello significa que este libro no es en modo alguno una poción mágica de ésas tan apetitosas para la New Age. Bokar Rimpoché perturba, pero, al final, si lo seguimos por las sendas desconocidas de su reflexión, a buen seguro mejoraremos. Aquí usted descubrirá, por poco que se esfuerce, el modo de relativizar sus sufrimientos, de no añorar el pasado, de no confiar únicamente en el porvenir, imprevisible y cada día más reducido. Ya no se dejará llevar por fantasías sobre sus vidas anteriores y futuras, en la vana evocación de existencias antaño benditas y mañana más gloriosas aún. Se aplicará a vivir el presente, con la mejor disposición de ánimo hacia los demás y hacia sí mismo.

Porque el budismo tampoco es una simple filosofía analgésica. La felicidad encuentra su lugar en él, pero se trata de una felicidad que no tiene nada que ver con nuestras proyecciones sentimentales y antojadizas, casi siempre condenadas al fracaso. Dejemos de hacer constantemente castillos en el aire para otorgar tres estrellas a nuestro itinerario terrestre. «El hombre contemplativo no es aquel que descubre secretos ignorados por todos, sino aquel que se extasía ante lo que todo el mundo ve», decía un monje cisterciense, y Bokar Rimpoché no renegaría de esta máxima. La felicidad, como verá a lo largo de estas páginas, no tiene nada de novela rosa. Requiere amor, en efecto, pero una forma de amor amplio que sobrepasa nuestra concepción habitual. La felicidad budista se nutre de cada Ser del universo, así como de la forma en que nosotros nos fundimos con él. No es un estado de ánimo, sino un estado del alma, la cual, pasando de la meditación a los actos pausados, debe perfeccionarse para avanzar mejor por el camino del Despertar.

Dicho esto, tan sólo me resta añadir que

Bokar Rimpoché no hace proselitismo, y yo, que permanezco apegado a la cultura cristiana, todavía menos. Pero el budismo es generoso, tolerante y abierto. Cualquiera que sea su religión, sea agnóstico o ateo, puede extraer de él consejos muy humanos para vivir más plenamente y mejorar su entorno vital. El gran sabio tibetano considera que nuestra encarnación es una oportunidad material y espiritual, y nos propone algunos caminos para aprovecharla mejor.

PACO RABANNE

1

EL CAMINO DE MIRIK

TRAS LAS HUELLAS DE BUDA...

Mira a quien te hace ver tus defectos como si te mostrara un tesoro. Abraza al sabio que reprueba tus faltas. En verdad es un bien, y no un mal, relacionarse con un hombre así.

BUDA, *El Dhammapada*

De la India decimos que es la tierra de las espiritualidades vivas. Aseguramos que allí los tipos humanos y las religiones se codean con una profusión que fuerza a la tolerancia. Creemos que es preciso estar allí para reencontrarse, para sumergirse en el interior de uno mismo, para renacer. Manifestamos que cualquier viaje a la India es una andadura espiritual ineludible para quien posee un alma curiosa.

Ciertamente, es difícil acabar con los tópicos. El recorrido indio fue durante mucho tiempo parte obligada de la educación de los jóvenes aristócratas ingleses y, más tarde, de la de los hippies. Los primeros cedieron bajo el peso de las conveniencias y de su currículo; los que fueron hippies visitan de nuevo la India de hoy... en Range Rover. En los años setenta, mochileros faltos de gurús llegaban del mundo entero en vuelos chárter o en microbuses Volkswagen. Para ellos, la India constituía el modelo de una sociedad no consumista, el prototipo de una nación cuya entrada en este siglo —que debía ser espiritual o no ser— se había producido con antelación. En la actualidad, la lluvia ácida de la industrialización corroe el Taj Mahal, y ese cáncer del mármol encuentra su reflejo exacto en el materialismo desenfrenado que ha germinado en el humus de la incultura. La clase media ya sólo se eleva hacia el cielo para instalar en él tapaderas de cubo de basura a guisa de antenas parabólicas; necesita captar a bajo costo las series norteamericanas y las películas eróticas que transmiten los satélites en órbita por encima de Hong Kong. En cuanto al yoga, se consume con menos entusiasmo, y si la mendicidad no formara parte de su condición, los monjes budistas o hinduistas no tendrían otra alternativa que sucumbir a esa degradación. Con todo, allí sigue habiendo mochileros; menos, es verdad, pero todavía devorados por la Iluminación.

En el momento en que mi avión despega con destino a Delhi, no estoy seguro de que esa obsesión todavía viva por un país donde supuestamente, como un don de la naturaleza, cabe encontrar solución y consuelo para todo, despierte en mí demasiado interés.

Mi mente se concentra en el hombre que me espera en algún lugar de las montañas del noreste. Se llama Bokar Rimpoché. Los únicos datos de que dispongo sobre él figuran en una nota de varias líneas un tanto abstrusas.

El Venerabilísimo Bokar Rimpoché nació en el Tíbet en 1940. A la edad de cuatro años, según las indicaciones facilitadas por el decimosexto karmapa, *fue reconocido* tulku, *reencarnación del anterior Bokar Rimpoché. Recibió educación en el monasterio fundado por su encarnación precedente y, más tarde, en Tsurpu.*

En la India, donde se exilió tras la invasión china, se convirtió en discípulo de Kalu Rimpoché y fue llamado a sucederle como cabeza de la rama Changpa-Kagyu. Dirige los centros de retiro de Sonada y Rumtek, y ha fundado un monasterio en Mirik.

Estos cargos hacen que en el momento presente se le considere uno de los más grandes maestros de meditación de la escuela Kagyupa.

Tsurpu, Sonada, Rumtek, Mirik, Kagyu: estas palabras no me sugieren nada. Están desprovistas de magia, de realidad, carecen de textura mítica o mística, y tal vez sea mejor así. Quiero acercarme a mi interlocutor con la mente virgen como la de un niño, libre de ideas preconcebidas.

Hemos atravesado la noche. El aparato aterriza en Delhi a las seis y media de la mañana; debo tomar otro avión dentro de tres horas. Para entretener la espera me han recomendado que vaya a Srinivasapuri, donde se pueden contemplar inscripciones del emperador Asoka, que vivió tres siglos antes del nacimiento de Cristo. Nada más convertirse al budismo, Asoka hizo grabar en la piedra unas exhortaciones que animaban al pueblo a convertirse también.

Pero no tengo tiempo de ir a Srinivasapuri. Vuelo ya hacia Bagdogra, un pequeño aeropuerto que comunica con el exterior la ciudad de Siliguri, en la región de Darjeeling.

La historia del emperador Asoka acude de nuevo a mi mente. Me hace dudar de lo que creía saber. ¿Admite entonces el budismo las prácticas proselitistas, como una religión cualquiera? Pero ¿no tiene fama de constituir, más que una fe, una filosofía unida a una práctica? ¿Qué sé en realidad del budismo? Y ante todo, si el budismo es también una religión hacia la que se empuja a los que son refractarios a ella, ¿es Buda un dios?

Interrogaré acerca de este punto al hombre que me espera, ya que acerca de la vida de Buda y de su experiencia espiritual, algunos datos están al alcance de cualquiera.

Se trata, por supuesto, de aquel a quien se ha dado en llamar el *Bodhisattva*, es decir, el personaje que vivió en la India seis siglos antes de nuestra era y fundó el budismo, espiritualidad practicada veinticinco siglos más tarde por la mitad de la humanidad. Hay que contar su historia, una de las más hermosas jamás narradas, que se basa en una mezcla de estampas y de verdades históricas.

Bodhisattva es todo aquel que busca el Despertar —es decir, la realización última del espíritu y la comunión con el gran Todo—, no para gozar de su propia felicidad, sino para ayudar a los demás seres* a alcanzarla.

Seis siglos antes de nuestra era, como he dicho, una reina sueña que un elefante blanco le traspasa el costado derecho. Los adivinos se reúnen de inmediato para interpretar el sueño. Tras varios conciliábulos, llegan a la siguiente conclusión: nacerá un niño destinado a reinar en todo el mundo o a recibir una iluminación. La reina Maya no tiene hijos, ya que practica con el rey Suddhodana una abstinencia sexual completa. La profecía la colma.

Al cabo de diez meses lunares, Maya sale de su palacio para ir a casa de sus padres. El camino es largo y fatigoso, por lo que se ha previsto hacer durante el recorrido un alto en el bosque de Lumbini. Allí, bajo un árbol, la reina da a luz al *Bodhisattva*; su futura esposa, su futuro escudero y su caballo nacen al mismo tiempo, aunque lejos de aquel lugar. Maya muere siete días más tarde para renacer en el cielo. Su hermana me-

* La palabra «ser» se utiliza en este libro en un sentido general que engloba a los animales y otras formas de existencia que se mencionan más adelante. Para referirse a los hombres se dirá «seres humanos» u «hombres».

nor se casa con el rey en segundas nupcias y cría al niño.

El niño es trasladado con gran pompa al palacio de Kapilavastu. Es el orgullo de su padre, que pertenece a la casta de los guerreros y gobierna la tribu de los Sakya. El pequeño príncipe, al que se le da el nombre de Siddharta, recibe una educación perfecta y se revela prodigioso en los estudios, hasta el punto de superar a sus maestros a la edad de siete años.

A los dieciséis años, Siddharta se casa. El sacerdote de palacio ha elegido para él a una joven llamada Gopa, elección que le complace. Sin embargo, al igual que en los cuentos de hadas, otros pretendientes aspiran a casarse con Gopa.

Sihahanu, un antepasado de la familia real, tenía un arco que aún se conserva; se decide que aquel que logre tensar la cuerda del arco obtendrá la mano de Gopa. Uno tras otro, los jóvenes lo intentan, pero ninguno consigue ni siquiera levantar el arma, demasiado pesada para ellos. Siddharta, en cambio, coge el arco y, sin ningún esfuerzo, logra tensar la cuerda.

El joven príncipe ya tiene, pues, una esposa. Esto tranquilizaría a su padre de no ser por una vieja profecía según la cual es posible que Siddharta esté destinado a llevar una vida religiosa. El rey, deseoso de evitar cualquier clase de tentación espiritual en su hijo y de fomentar en él una ambición de soberano, le brinda los mejores placeres con los que un hombre pueda soñar. Procura, asimismo, que ninguna visión perturbadora lo trastorne. En esta época de su vida, Siddharta podría creer que el mundo es, a imagen y semejanza de los jardines maravillosos que el rey acaba de hacer construir, hermoso, ordenado y apacible.

La ilusión no durará mucho tiempo. Un día, el príncipe se encuentra frente a lo inimaginable: el dolor, el desorden, la muerte. En el transcurso de un paseo por la ciudad, un viejo tembloroso y miserable abre ante él su boca desdentada.

—¿Quién es ese hombre?* —pregunta Siddharta a su cochero, Shandaka.

—Un viejo.

—¿Qué se entiende por un viejo?

—Es alguien que ha vivido muchos años y cuyas facultades se encuentran en declive. Su espíritu ha cambiado y su tez ha sufrido alteraciones. Cuando está sentado, le cuesta levantarse. Le queda muy poca vitalidad.

—¿Escaparé yo a esa suerte?

—No.

Un poco más allá, un enfermo exhibe sus llagas. Siddharta pregunta a Shandaka:

—¿Quién es ese hombre?

—Un enfermo.

—¿Qué se entiende por un enfermo?

* Este diálogo está extraído del *Vinayapitaka de los Mahisaka*, en A. Bareau, *En suivant Bouddha*, Philippe Lebaud, París, 1985.

—Un enfermo es alguien que, como consecuencia de un aumento o una disminución de los cuatro grandes elementos* que constituyen su cuerpo, ya no puede ni beber ni comer. Su respiración es débil y tenue; su vitalidad disminuye a causa de las impurezas que anidan en su interior.

—¿Escaparé yo a esa suerte?

—No, tampoco.

Al poco aparece un cortejo que conduce a un cadáver a la hoguera, y el diálogo entre el príncipe y su cochero se reanuda:

—¿Quién es ese hombre?

—Un muerto.

—¿Qué se entiende por un muerto?

—Es alguien que ha dejado de respirar y cuyo espíritu le ha abandonado. Ya no tiene conocimiento de nada, se ha marchado de su pueblo y permanecerá para siempre separado de sus padres.

—¿Escaparé yo a esa suerte?

—No.

Estos tres encuentros impresionan a Siddharta, apartado hasta entonces de la fealdad del mundo. Pero quiere la casualidad (aunque ¿caben en este caso las casualidades?) que un poco más allá tenga lugar un cuarto encuentro. El joven príncipe ve a un religioso sereno que, sin ninguna agresividad, pide limosna.

* La tierra, el agua, el fuego y el aire.

—¿Quién es ese hombre? —pregunta de nuevo.

—Un religioso errante.

—¿Qué se entiende por un religioso errante?

—Es alguien que posee un gran control de sí mismo, actúa con maneras dignas y se comporta siempre con paciencia y compasión hacia los seres.

—¡Muy bien! ¡Muy bien! ¡Muy bien!

Siddharta acaba de descubrir simultáneamente la existencia del sufrimiento y su vocación en la vía espiritual. Quizá ya lo tiene decidido: muy pronto se marchará del palacio de su padre para vivir en el mundo real.

El rey trata por todos los medios de retener a su hijo, organizando infinidad de festejos y ofreciéndole placeres materiales. Por otra parte, Gopa acaba de dar a Siddharta un hijo.

El príncipe, sin embargo, no renuncia a su proyecto. Una noche, los dioses sumen la ciudad en una somnolencia artificial. Nadie se percata de la desaparición del joven, que huye con su escudero y su caballo. Las divinidades sostienen las pezuñas del animal para evitar el ruido que produciría el choque de las herraduras contra el empedrado. Una vez lejos de la ciudad, del palacio y de sus tentaciones materiales, el príncipe se corta el pelo y se separa de su caballo y su caballerizo. Se dirige hacia el sudeste. Comienza un nuevo período de su existencia.

Es mediodía; mi avión aterriza en Bagdogra. La región donde me encuentro ahora, en la provincia de Bengala Occidental, constituye una especie de excrecencia geográfica septentrional de la India, encajonada entre Nepal, al oeste, y Bután, al este. Unos kilómetros más al norte, y desde que China se anexionó este territorio en 1959, está la frontera del Tíbet.

Estoy a más de dos mil metros de altitud. El monte Everest se alza a menos de ciento cincuenta kilómetros del lugar al que debo ir. Tendré que seguir subiendo. Faltan por recorrer en coche cincuenta y cinco kilómetros para llegar al monasterio de Mirik. La carretera es sinuosa y está llena de baches. Alrededor, el verde de las plantaciones de té suaviza la dureza del relieve. No tardamos en adentrarnos en la capa de nubes permanentemente adherida a la montaña durante la estación de las lluvias. La niebla limita la visibilidad a una distancia de dos metros. Es obligatorio hacer sonar la bocina antes de cada curva. Miles de tibetanos exiliados han recorrido este camino antes que yo, pero en sentido inverso, cuando huían de los horrores perpetrados en su país: torturas, ejecuciones, encarcelamientos en campos de concentración... En los años que siguieron a la invasión china se exterminó a cerca de un millón de personas, es decir, una quinta parte de la población. El hombre que me espera es un superviviente de aquella época.

En el coche traqueteante, pienso de nuevo en

Siddharta. Sin duda alguna la historia es bonita, pero ¡en qué fárrago mitológico se basa la espiritualidad budista, que nosotros consideramos completamente libre de escoria! Me pregunto si un budista debe creer forzosamente en ese panteón, en ese Olimpo donde se encuentran divinizados, uno tras otro, la madre de Buda, sus allegados e incluso su caballo. Para poder declararse uno budista, ¿es preciso creer en los milagros, en que las flores de loto crecen al paso de Siddharta, en que los árboles curvan las ramas en su honor, en la anestesia general administrada por los dioses a sus allegados para facilitar su huida? ¿Dónde está el simbolismo? ¿Dónde está lo sagrado? ¿Puede una creencia adornada con tantos elementos folclóricos contener realmente una médula que no nos sea ajena?

Una vez lejos del palacio, el príncipe Siddharta se convierte en un religioso errante y adopta el nombre de Sakyamuni, que significa «sabio de los Sakya». Tras haber seguido diferentes enseñanzas, que le dejan insatisfecho porque no resuelven el problema del sufrimiento, decide descubrir su propia vía. Junto con otros cinco discípulos, llevará al límite el rechazo del mundo. Los seis jóvenes ascetas practican el yoga, se mortifican, ayunan, se infligen heridas. Uno se ha perforado la lengua para colgar pesos de ella. Otro ha hecho voto de no abrir nunca las manos. Un tercero se ha clavado clavos en la carne... El tiempo pasa, y Siddharta se debilita tanto física como espiritualmente. Este camino no le conduce a ninguna parte.

Entonces pasa por el río una barca en la que va un hombre que está tocando el laúd. El instrumento tiene tres cuerdas. Una de ellas, sin tensar, no emite ningún sonido; otra, demasiado tensa, se rompe; la tercera, por último, produce música. Sakyamuni comprende que se ha equivocado. Sólo apartándose de cualquier exceso alcanzará el objetivo que se ha marcado. En consecuencia, elige un camino que no es ni el del abandono de los sentidos ni el de la vana ascesis: la vía intermedia.

Una mujer le ofrece un arroz delicioso en un bol de oro y él lo acepta. Cuando ha acabado de comer, arroja el recipiente al río, pues no desea poseer objetos preciosos. El bol remonta el curso del río... Siddharta está preparado para recibir la Iluminación.

Después de haber luchado contra el dios Mara, que domina el mundo de los deseos, los placeres y los destinos infernales, Siddharta se convierte en Buda y recibe el supremo y completo Despertar el día en que cumple treinta y cinco años. Ahora ya conoce las Cuatro Nobles Verdades: la verdad sobre el dolor, la verdad sobre el origen del dolor, la verdad sobre el cese del dolor y la verdad sobre el camino que lleva a la abolición del dolor.

Estas nociones se pueden resumir de la manera siguiente. Los hombres, al igual que todo cuanto vive, son prisioneros de la gran rueda del destino, el *samsara*, que los conduce de una existencia dolorosa a otra mediante encarnaciones sucesivas. El motor de esta rueda es el *karma*, que constituye una ley de causa y efecto. Cada uno de nuestros actos implica una consecuencia. Según este principio, renacemos en condiciones más o menos favorables al Despertar en función de nuestras acciones, de nuestra compasión por los demás seres, de nuestra buena conducta en cada existencia. Tan sólo el Despertar, o la Iluminación, puede liberarnos del ciclo de las existencias y hacer que experimentemos la verdadera dicha. El sufrimiento, por su parte, es inherente a las ataduras materiales. Sin embargo, nos dice Buda, existe una técnica gracias a la cual podemos desprendernos de todo aquello que nos hace desgraciados. Esta técnica es la meditación.

Por fin he llegado a Mirik. El monasterio, colgado en la ladera de la montaña, es más grande de lo que había imaginado. En el interior del edificio es la hora de las oraciones. Trompas y tambores resuenan con una violencia que me abruma. Ante la fachada principal, jóvenes monjes vestidos con hábitos de color grana están sentados en el suelo. Parlotean y ríen ruidosamente mientras observan al recién llegado... Muchos de ellos son chiquillos. Uno de los de más edad se acerca a mí. Sabe algunas palabras en inglés y se ofrece a mostrarme el monasterio en espera de que mi anfitrión venga a reunirse conmigo. Acepto.

El edificio principal incluye, además del templo, salas de estudio y de oración. Las paredes son blancas, y están rematadas por un friso rojo y dorado. Una de las alas es, según se me indica, la «casa» de Rimpoché. Frente a esta construcción, al otro lado del patio, se encuentra la cocina, que parece servir también de refectorio. Allí me ofrecen una taza de té con mantequilla. En el patio hay unas mujeres ocupadas en barrer y lavar. Un poco más allá se me invita a contemplar un minúsculo jardín ornamental. Comprendo que no es correcto mostrarse neutral y que se impone manifestar admiración.

Bajamos unos escalones y aparece entonces, rodeado por un muro cubierto de inscripciones en colores vivos, un *stupa*, el monumento en forma de cúpula en cuyo interior se conservan reliquias y otros objetos sagrados. Un anciano monje da vueltas a su alrededor en el sentido de las agujas del reloj, al tiempo que imprime un movimiento rotatorio a su cilindro de oraciones. Seguimos bajando unos cuantos peldaños más. Otras construcciones prolongan hacia abajo el edificio principal. Penetramos en ellas por un corredor central. Allí se encuentran las celdas de los niños y los monjes. El que me acompaña entreabre una puerta. La habitación que veo mide aproximadamente tres metros por cinco. Cuento ocho camas, algunas de ellas superpuestas. El pasillo desemboca en una sala de estudio o de oración ampliamente abierta al exterior. Justo al lado, hay una puerta en la que se lee: «Centro de medicina tibetana.»

Desde donde estoy se contempla un panorama despejado. Mi guía extiende el brazo para señalarme, a lo lejos, un lago bordeado de árboles. Yo no veo nada, aparte de casas, vegetación y un perro blanco y negro tumbado. Según se me dice, no puedo dar por finalizada la visita sin haber pasado por el futuro centro de retiro planeado por Bokar Rimpoché. Acabamos de rodear los edificios y nos alejamos subiendo una pendiente. En la cima se alza un gran edificio en construcción, en el que sólo trabajan, por duras que sean las tareas, mujeres.

En el monasterio ha cesado la música. Regresamos al patio principal.

Un hombre se acerca desde el templo. Sobre una túnica amarillo azafrán, lleva la toga roja de los monjes budistas, que le envuelve todo el cuerpo a excepción del brazo derecho. Parece tener prisa. Varias personas lo esperan: es la hora de las audiencias privadas. Por el camino se cruza con una mujer tetrapléjica que va en una silla de ruedas. A medida que él se acerca, el rostro de la enferma se crispa y se contrae. Su mirada expresa una euforia intensa, casi histérica. Bokar Rimpoché se dirige hacia ella. Coloca una mano sobre la cabeza de la visitante, cuyos espasmos aumentan, y le habla sonriendo abiertamente, al tiempo que le acaricia la nuca. No sé qué palabras pronuncia; pero, aunque las oyera, no las comprendería, ya que Bokar Rimpoché sólo habla tibetano. Al cabo de cuatro o cinco minutos, se despide de la mujer y se aleja. Ella llora. Creo que Rimpoché acaba de hacerle sentir un poco de felicidad.

2

UN SABIO EN EL EXILIO

EL *KARMA* Y EL LIBRE ALBEDRÍO

Los constructores de acueductos conducen el agua por donde quieren; el que fabrica flechas les da una forma determinada; los carpinteros tornean la madera; el sabio se modela a sí mismo.

BUDA, *El Dhammapada*

Bokar Rimpoché está sobre una tarima dorada. Desde el primer momento percibo en su mirada una curiosidad igual a la mía. Antes de que haya sido pronunciada una sola palabra ya ha comprendido que no acudo a él como el sediento va a la fuente, estoy seguro de ello. Ante su trono han desfilado numerosas personas consagradas a las espiritualidades exóticas, místicos ansiosos de salir de allí con su panacea. El budismo tibetano les proponía la Iluminación al final de un camino que se extiende por varias vías, y ellos esperaban obtenerla en un abrir y cerrar de ojos. Se marcharon felices, pero, de nuevo en casa, su falso tesoro se les escapó entre los dedos como si fuese arena. Yo no pido tanto. Mi sed es grande, pero se saciará con poco: unas gotas de luz, una parcela de sabiduría, un instante de paz.

Bokar Rimpoché me dedica una atención en la que se advierte una infinita benevolencia. Sonríe, y algo dentro de mí me dice entonces qué es ese hombre: un protector. Por primera vez me doy cuenta de que el aire posee una pureza cristalina. Los cilindros de oraciones repiquetean. Las risas de los pequeños monjes se desgranan en ecos tintineantes. La sensación de opresión que sentía ha desaparecido. La India ya no es esa tierra hostil contra la que Gaya, la Tierra, me puso en guardia en otra época.

Fue hace bastante tiempo. Ella y yo habíamos hecho un pacto de amor y de respeto. Cuando tuve que ir por primera vez a Egipto, por ejemplo, me acogió vibrando. Yo conocía su lenguaje. Eso quería decir: «¡Bienvenido, estás en tu casa!» Cuando puse el pie en suelo indio, en cambio, Gaya me lanzó al rostro una exhalación pestilente. No me expulsaba, sino que me ponía en guardia: «Tu alma, tu corazón y tu mente tienen otras patrias. No te quedes aquí.»

El recuerdo de esa advertencia continúa vivo. Hoy, sin embargo, un hombre que permanece ante mí con la sonrisa en los labios me protege. Junto a él, me siento fuera del alcance de cualquier corrupción espiritual. Por cada molécula de mi carne se propaga una onda que procede de él. De electrón en electrón, me atraviesa. La reconozco; emana de lo que yo llamo el Sexto Plano Vibratorio, ese estado de una mente cuya realización espiritual ha alcanzado un nivel tan alto que puede actuar con lucidez sobre sí misma, lo que le permite penetrar los secretos de sus vidas anteriores y de la consciencia clara.

Pese a la atracción que ejerce sobre mí Bokar Rimpoché, mi mirada se aparta de él para desviarse a la izquierda. Temo parecer descortés al desentenderme de la persona que me recibe, pero no puedo evitarlo. A un metro de él, en un trono más alto, hay un niño sentado con las piernas cruzadas. Me han informado de su existencia; ese niño es sagrado, se llama Yangsi Kalu Rimpoché y es el jefe supremo de una de las ramas principales del budismo tibetano. Bokar Rimpoché es, dicho en términos occidentales, su preceptor y su regente. El joven Yangsi Kalu Rimpoché reside normalmente en el monasterio budista de Sonada, a unas decenas de kilómetros, pero de vez en cuando pasa breves temporadas en Mirik.

El niño sagrado apenas me mira, como si su vista abarcara un horizonte demasiado vasto para fijarse en una mota de polvo. Es hermoso, quizás el niño más hermoso que jamás haya visto; en cualquier caso, desde luego el más majestuoso. Varios seres parecen poblar ese cuerpo: el niño actual, el adulto futuro y tal vez también el adulto que fue en el pasado. Cuando por fin su mirada se posa fugazmente en mí, olvido los brocados, el trono y el ceremonial; hay en él algo divino, y eso es lo que me impresiona.

Volveré a verlo más tarde, pues ahora vienen

a buscarlo y sale, con su porte real e indolente, para subir a la terraza del templo. Allí, el niño sublime —así es como lo llaman— encontrará sus juguetes y su moto mecánica. Me quedo con Bokar Rimpoché, que me hablará en tibetano, y con su traductor.

Le pregunto cómo debo dirigirme a él y si tengo que hacerlo en una postura determinada. Lo ignoro todo. Quiero ignorarlo todo y descubrirlo todo, o redescubrirlo, hasta las normas de cortesía. Él se echa a reír. Esa risa volverá a sonar con frecuencia, primero divertida por mi candor y luego cómplice de mis ideas preconcebidas.

Bokar Rimpoché y yo acordamos que lo llamaré simplemente Rimpoché, la palabra que se utiliza para dirigirse a un lama que ha alcanzado un nivel elevado de desarrollo espiritual. En lo que se refiere a las posturas y las actitudes, actuaré según mis costumbres occidentales... y mi intuición. Establecido ya un clima de confianza, comienzo deliberadamente con una pregunta de neófito...

¿Qué es un lama?

¡De creer lo que dicen los occidentales, cualquier tibetano que lleve una túnica amarilla o roja! En realidad, un lama es un monje budista que se ha impuesto la tarea de trabajar en su propia búsqueda espiritual y que enseña a los demás las prácticas que él ha aprendido de sus maestros.

Entonces, ¿ocupa una posición jerárquica superior, del mismo modo que en las religiones occidentales un obispo está situado por encima de un simple sacerdote?

No estoy seguro de que el término «jerárquico» sea el apropiado, ni siquiera de que tenga para usted el sentido que yo le doy. Aun así, es cierto que nuestra práctica espiritual no puede disociarse de la noción de enseñanza, de transmisión. Nuestros maestros nos transmiten el *dharma*. Por eso mantenemos con ellos una relación de respeto y obediencia.

¿Qué es el dharma*?*

El *dharma* es un concepto fundamental en el budismo. La palabra tiene varias acepciones. Ante todo, designa la ley eterna, ese valor absoluto que le fue revelado a Buda en su Despertar. También designa la enseñanza de dicha ley, gracias a la cual cada hombre puede aprender cómo caminar por la vía espiritual que conduce a la liberación.

¿Son las diferencias en el modo de transmisión lo que hace que en el budismo haya varias escuelas, varias ramas?

Sí. El budismo se ha transmitido de tres formas distintas. Ya en la época de Buda se formaron una veintena de grupos que interpretaban su enseñanza de manera diferente. Esta forma de budismo antiguo sigue practicándose en Sri Lanka y en el Sureste Asiático. Se la denomina Hinayana, o Pequeño Vehículo. Más tarde, a principios de la era cristiana, se desarrolló el budismo del Gran Vehículo, o Mahayana, que especula sobre la inexistencia del ser y teoriza sobre la posición de los *bodhisattva*, aquellos que prácticamente alcanzan la perfección en vida, con el único objeto de ayudar a los demás seres a avanzar por la vía del Despertar. Y finalmente, en el siglo VII, apareció el Vehículo de Diamante o Vajrayana. Esta forma de budismo también recibe el nombre de tantrismo. Se basa en el yoga, asociado a prácticas mágicas y esotéricas.

¿De qué naturaleza es el budismo tibetano?
Forma parte de la tradición del Gran Vehículo.

He leído que usted pertenece a una rama particular del Gran Vehículo...
Sí, la rama Kagyupa, cuya fuente es la enseñanza del buda primordial Vajradhara.

¿Qué es un buda primordial?
Vajradhara era la forma que tomaba Buda para revelar su enseñanza a seres dotados de facultades especiales. Esta enseñanza fue transmitida al gran yogi indio Tilopa, y a continuación a su discípulo Naropa. Después pasó al Tíbet, donde comenzó la sucesión de los iniciados, conocidos a partir de entonces como los *karmapa*.

Este modo de transmisión sin ruptura, de *karmapa* a *karmapa*, se denomina el Rosario de Oro.

Todo esto es muy complejo, y nosotros creemos que el budismo es sencillo y claro como el agua. ¿Podemos descubrir sus nociones principales al mismo ritmo que ustedes las reciben a lo largo de su existencia?

Si no intuyera que actúa usted sin malicia, creería que pretende orientarme hacia una de las nociones budistas que más atraen y chocan a los occidentales: la de los niños identificados como reencarnación de grandes lamas. Nosotros los llamamos *tulkus*, y seguramente usted sabe que mi propia infancia estuvo marcada por ese sello. Sea como fuere, ni la lógica ni la cronología impiden que empecemos por ahí.

Yo nací en el año del Dragón. Usted diría: el 15 de octubre de 1940. Mis padres, que no tenían más hijos, vivían en el Tíbet, al este del monasterio de Bokar, cerca de una pequeña ciudad llamada Mendong. Nuestra región era rica en yacimientos de sal, que se explotaban a fin de cambiar su producto por arroz o trigo en los mercados cercanos a la frontera nepalí.

En una ocasión en que mi padre se había ausentado durante varios días para llevar a cabo este trueque, unos monjes llegaron a nuestra casa, donde nos encontrábamos mi madre, mi abuela y yo. Entre ellos estaba Lama Cheuden, al que conocíamos porque vivía en el vecino monasterio de Mendong. Otro de los monjes se llamaba Lama Teundrup Tachi y venía de más lejos.

Yo me sentía un tanto intimidado por la llegada del grupo y me quedé dentro de la casa. Tenía poco más de tres años y, sin ser miedoso, era un niño reservado.

Lama Cheuden, que hablaba el dialecto de la región, explicó a mi madre y a mi abuela que yo había sido identificado como el *tulku* de un gran lama, es decir, para simplificar, como su reencarnación.

Los monjes se acercaron a mí y me dieron unos pañuelos de seda blanca que llamamos *katas* y que ofrecemos a aquellas personas a las que queremos rendir homenaje. También recibí unos boles llenos de arroz aromatizado y de dulces. Yo no sabía cómo se llamaban aquellos hombres. Sin embargo, cuando mi madre me preguntó quién me había dado aquellas ofrendas, respondí sin vacilar: «Teundrup Tachi.» El hecho de que hubiera adivinado el nombre de un monje del que no sabía nada se consideró la confirmación de que, efectivamente, yo era el que estaban buscando.

La señal podía parecer tanto más maravillosa cuanto que Lama Teundrup Tachi había sido el sirviente del lama fallecido cuya reencarnación se buscaba desde hacía tiempo. A su entender, estaba claro: yo le había reconocido; él había encontrado a su maestro.

¿Quién era ese gran lama desaparecido?

El lama del que yo era la emanación se llamaba Karma Sherab Eusser. Nació en 1890, el año del Tigre-hierro, y murió el año anterior a mi nacimiento, es decir, el del Tigre-tierra.

Karma Sherab Eusser era famoso por la confianza que tenía en él el decimoquinto *karmapa*, cabeza de la rama Kagyupa. Un día, en el camino al que lo había llevado una peregrinación, se detuvo en una gruta y decidió realizar allí una promesa dirigida al *karmapa*. Karma Sherab Eusser había hecho voto de someterse a ayuno completo durante mil días. Lo consiguió. Una vez transcurrido ese tiempo, los habitantes de la región, apoyados por el *karmapa*, le pidieron que se quedase allí y fundara un monasterio, cosa que hizo en Bokar. Entonces ignoraba que regresaría a ese lugar mucho más tarde y en otro envoltorio corporal...

¡Mil días de ayuno! Para nosotros, los cristianos, eso es desmedido. En definitiva, ¿no es semejante mortificación el colmo del orgullo? Somos capaces de comprender la necesidad de ascesis, pero ¿dónde hay que situar el límite? ¿Acaso no se apartó el propio Buda de esa vía de la privación absoluta?

(Bokar Rimpoché se echa a reír.)

Sí. Al principio de su primer sermón, llamado sermón de Benarés, Buda dijo: «Hay dos extremos que están vedados a quienes han abandonado la vida familiar: el ejercicio de los placeres, el amor a los placeres de los sentidos; y las prácticas mediante las cuales uno se hace sufrir a sí mismo y, a causa de doctrinas no santas, extenúa su cuerpo y su espíritu sin ser capaz de conservar aquello que ha preparado. Oh, ascetas, aparte de estos dos extremos está la vía intermedia.»

En realidad, lo que constituye la diferencia entre la mortificación inútil y una verdadera ascesis es la motivación. Querer demostrarse y demostrar a los demás que uno es capaz de hacerlo, que es superior, es una mala motivación. Por el contrario, si se tiene una motivación conforme al *dharma*, si se pretende realizar esa ascesis y someterse a esos días de ayuno para purificarse a sí mismo y purificar a todos los seres, uno está seguro de que la motivación es justa.

Karma Sherab Eusser era, según declararon todos sus allegados, un ser sencillo, humilde y puro.

La muerte le sobrevino cuando tenía cincuenta años. Embalsamaron su cuerpo, previamente secado con sal.

¿Embalsamaron su cuerpo?

Sí.

¿Es eso compatible con la idea budista de que todo es provisional, efímero? En el caso de las religiones occidentales, estaríamos hablando de

reliquias. Pero al menos esas religiones no profesan la no permanencia de las cosas.

Tiene usted razón: todo es transitorio, todo es «impermanente», incluido, por supuesto, el cuerpo de cualquier individuo. Sin embargo, la gente sencilla tiende a creer lo que ven sus ojos.

Y que, en realidad, según ustedes no es sino ilusión...

Sí, exacto. Esas personas creen equivocadamente que las cosas son tangibles y permanentes. Los grandes maestros y los lamas se adaptan a su punto de vista a fin de que la relación de enseñanza establecida con ellos resulte fructífera. Refutar lo erróneo es algo que debe salir de ellos, no de nosotros. Además, de las situaciones engañosas pueden derivarse efectos beneficiosos. Lo que puede haber de tranquilizador en un cuerpo preservado tras el fallecimiento es posible que cree condiciones espirituales propicias para un futuro desarrollo interior. Por eso a veces se conserva el cuerpo; no para garantizar la perennidad del lama, cosa que sería absurda, sino porque la visión de ese cuerpo por parte de quienes quieren creer en la permanencia de las cosas puede desencadenar en ellos una andadura interior beneficiosa para su espíritu.

No obstante, y aun cuando el budismo siempre propone a cada uno, como acabamos de ver, su propio nivel de comprensión, es verdad que esa conservación no es directamente conforme al *dharma*.

Ésa es la razón por la que, tres años después del embalsamamiento de Karma Sherab Eusser, el decimosexto *karmapa* pidió que sus restos fueran incinerados. Cuando el fuego tocó el cuerpo, el corazón de Karma Sherab Eusser salió proyectado fuera de la hoguera. El órgano estaba rojo y fresco, como si acabara de serle arrancado a un hombre todavía vivo. Ahora se conserva en Nepal. Este fenómeno, que considero auténtico porque he oído varios relatos concordantes del episodio de boca de testigos oculares, señala a Karma Sherab Eusser como un ser de una realización excepcional.

¿Cómo le identificaron a usted como su reencarnación? ¿Realizaron los hombres que le encontraron una investigación, buscando indicios y señales?

Sí, se trata exactamente de eso: una investigación, señales. Algunos seres, como el *karmapa*, pueden identificar a los *tulkus* a través de sueños, de visiones. En primer lugar, el *karmapa* que había hecho incinerar el cuerpo de Karma Sherab Eusser impidió que le ofrecieran el monasterio fundado por éste: vendría un *tulku*, dijo, que se haría cargo de su dirección. Transcurrieron unos meses. El *karmapa* afirmó entonces que el niño había nacido durante el año del Dragón, al este del monasterio de Bokar, a una distancia de cinco o seis días a caballo. Lo encontrarían en el seno de una familia de nivel social medio. Llevaba una señal distintiva. Su padre destacaría por tener un nombre insólito y paradójico. En cuanto a su madre, se llamaba Soeunam.

¿Reunía usted todos esos requisitos?

Sí.

¿Qué me dice del lugar y el año de su nacimiento?

Coinciden con lo que dijo el *karmapa*.

¿Y de la señal distintiva?

Siempre he tenido un quiste bajo la clavícula, a la izquierda.

¿Y del nombre de su madre?

Se llama Soeunam Yodroeun. Soeunam significa «mérito».

¿Y del de su padre?

Ése es el punto más misterioso. Antes de que naciera mi padre, mis abuelos habían traído al mundo a un niño hermafrodita, al que al principio creyeron de sexo masculino. Cuando llegó el segundo bebé, intentaron conjurar la suerte adelantándose a ella. Era un chico y le pusieron un nombre de chica: Pumloeum. ¡Un nombre realmente insólito y paradójico para un hombre!

Unos monjes investigaron durante meses en nuestra región. Una vez que me hubieron encontrado, tal como he contado antes, fue necesario que el *karmapa* confirmase la validez de su descubrimiento, cosa que éste hizo entregándoles dentro de un sobre el nombre que yo debería llevar y cuya traducción es «Gloria y Bondad, Unión Perfecta de la Erudición y la Realización».

¡Menos mal que puedo llamarle Rimpoché!

¡Sí! En realidad, Bokar Rimpoché sería muy pronto mi nombre habitual.

¿Qué sintió cuando fue reconocido como tulku*?*

Voy a decepcionarle: nada. No recuerdo haber experimentado nada especial en aquel momento.

¿Se sintieron felices sus padres al ver que usted era objeto de semejante honor?

Yo sólo tenía tres años y medio, y era hijo único. A mi abuela le resultó muy duro hacerse a la idea de que tendría que trasladarme al monasterio y de que se vería privada de mi presencia. Mi madre, que tenía entonces veinticinco años, lloraba de alegría y de tristeza al mismo tiempo. De alegría por saber que yo recibiría una educación maravillosa; de tristeza por tener que separarse de mí. Mi padre se quedó estupefacto y se sintió bastante orgulloso. Era ganadero, pero habría podido vivir en un monasterio, pues poseía una erudición y una elevación espiritual considerables.

Vertieron agua sobre un espejo frente a mí, me cortaron el pelo, me vistieron con la túnica monástica y me otorgaron el nombre indicado por el *karmapa*; me había convertido oficialmente en un *tulku*. Después, un cortejo me escoltó hasta el monasterio. Un gran número de monjes, unos a caballo y otros a pie, miembros de mi familia y muchos habitantes de los pueblos de los alrededores formaban una procesión impresionante.

Tras varios días de camino, llegamos al monasterio de Bokar. Numerosos monjes hicieron sonar sus instrumentos para recibirnos. ¡Tenía la sensación de que los címbalos y las trompas hacían temblar la montaña! Cuando las conjunciones astrales fueron propicias, entramos en el monasterio para la entronización. Aunque jamás había estado allí, al ver una de las alas del edificio me resultó familiar. Le dije a mi abuela: «Yo vivo aquí.» ¡Acababa de señalar con el dedo la residencia donde había vivido Karma Sherab Eusser!

¿La entronización significaba para usted instalarse en el monasterio?

No empecé a vivir allí hasta un año más tarde. Entonces se decidió que iría a casa de mis padres una vez cada seis meses o cada año. Pero mi verdadera formación no comenzó hasta la edad de nueve años, tras mi primer encuentro con el *karmapa*. Las dos primeras horas del día, a partir de las tres o las cuatro de la mañana, estaban dedicadas a la lectura de los Textos. Hacia las seis tomaba el té con mi maestro. La jornada de estudio finalizaba hacia las cuatro de la tarde, y me acostaba cuando se ponía el sol.

¿Le satisfacía ese ritmo de vida?

La verdad es que no. Los estudios no me entusiasmaban. En cambio, las visitas a mi familia me llenaban de alegría. Un día, mi padre, al verme llorar ante la idea de regresar al monasterio, unió sus lágrimas a las mías y decidió que no me llevaría de vuelta allí en el plazo previsto. Mis maestros de Bokar, a quienes el *karmapa* había confiado mi educación, no sabían qué hacer. Finalmente, escribieron a este último para sugerirle que él mismo propusiera que mi formación prosiguiera en Tsurpu, un lugar demasiado alejado para que yo pudiera visitar a mi familia más de una vez cada tres años. El *karmapa* escribió a mi padre, que fue incapaz de negarse a una petición venida de tan arriba. Así fue como me encontré en Tsurpu, un monasterio en la actualidad ya destruido y que entonces albergaba a casi quinientos monjes.

¿Diría usted que le privaron de su infancia?

Me doy cuenta de adónde le gustaría llevarme. Esto es lo que sorprende y desazona a los occidentales: esos niños privados de libertad y apartados de su familia. Así es como lo expresan en su país, ¿verdad?

Yo no lo he dicho de esa forma...

Admito que la cuestión es compleja. En aquella época yo hubiera preferido ser un niño como los demás, jugar, crecer normalmente y tal vez un día convertirme en ganadero, como mi padre. Para ustedes, la libertad es el bien más preciado. Me refiero a que no necesitan ejercerla; les basta con saber que son virtualmente libres, que ese bien existe en alguna parte. Por eso la simple idea de verse privados de libertad les resulta insoportable. Para nosotros, la libertad no es un bien que se posee, sino un medio para ir hacia la realización del espíritu. Un *tulku* no es libre mientras su formación no se ha completado. Necesita una educación a la medida de sus cualidades: excepcional. Si se instala al *tulku* en un monasterio es para ofrecerle esa formación fuera de la confusión del mundo. En tales condiciones podrá avanzar en su andadura espiritual y ser útil a los demás, a los que ayudará a elevarse de forma similar.

Por lo demás, ¿qué es la libertad de un niño? ¿Poder jugar sin trabas al borde de un precipicio? ¿No puede esa libertad matar? Limitar la libertad del niño es necesario para su supervivencia. Tan sólo la madurez que ofrece la enseñanza le permitirá actuar como un hombre libre.

La cuestión no se plantea únicamente en términos de libertad. En la actualidad hay un caso que está dando mucho que hablar en España. Se trata de un niño de Granada llamado Osel, que ha sido designado como el tulku *del gran lama Thubten Yeshe. Ese lama, al que quizás usted conoció, fundó más de sesenta centros budistas en Occidente. Murió en 1984. Osel no había aprendido aún a andar cuando fue capaz de identificar unos objetos que le habían pertenecido. El Dalai-Lama en persona lo reconoció como* tulku. *Osel tiene ahora diez años y es educado en un monasterio indio. A su madre le gustaría que pudiese ir de vez en cuando a España para conocer sus raíces, pero los monjes budistas no lo permiten.*

En Occidente pensamos que el niño es una persona completa cuyos derechos deben ser reconocidos; por ejemplo, el derecho a vivir en un entorno familiar normal. Una carta de las Naciones Unidas, auspiciada por la UNICEF, garantiza estos derechos. En el sistema budista, ¿significa la existencia de los tulkus *que un niño no tiene derechos..., y no me refiero a la libertad, lo repito..., mientras no haya recibido una enseñanza? Y si es así, ¿es una persona?*

Tendremos que admitir que algunos de nuestros postulados son diferentes. Seguramente la cuestión volverá a salir a colación, pero de momento diré que, para el budista, la Persona con mayúscula no existe. En nuestro contexto, el entorno normal de un *tulku*, por utilizar sus mismos términos, es aquel en el que lo ha situado el ciclo de las encarnaciones.

Dar a un *tulku* una educación especial, hacerse cargo de él, protegerlo de la dispersión y guiarlo hacia el que era su camino en su encarnación anterior, no es maltratarlo sino considerarlo en su globalidad. De adulto, gracias a esa enseñanza, se beneficiará y hará que los demás se beneficien de numerosas cualidades que de otro modo no habría desarrollado.

¿Y nunca se ha dado el caso de que un tulku, *al llegar a determinado estadio de su formación, haya rechazado su posición e incluso renegado del budismo?*

Es posible que eso se haya producido. Pero, aunque sea así, nunca se está seguro de lo que pasa realmente en el nivel más sutil. Si un niño reconocido como un *tulku* rechaza su posición e incluso el budismo al llegar a la edad adulta, entra dentro de lo posible que sea algo intencionado. Tal vez sepa que con semejante actitud la cadena de las causas y los efectos conducirá a un beneficio para los demás... Todo está relacionado y todo depende de todo. Lo que hace no supone forzosamente que rechaza la enseñanza que ha recibido. Todo esto es tan sutil que nunca se puede saber lo que sucede realmente.

Bien, ya ha llegado usted al monasterio de Tsurpu...

Sí. Allí se reanuda mi enseñanza. La vida era más dura, porque algunos de nuestros maestros recurrían a cierta violencia para inculcarnos las nociones que nos costaba más asimilar. Pero lo que más me molestaba era la posición especial que me estaba reservada. La sala donde se impartían las clases estaba dividida en dos partes: los alumnos «normales» se sentaban en el suelo, a la izquierda. A la derecha había un estrado cubierto con una alfombra que estaba reservado para mi uso exclusivo. Yo detestaba aquello, pero no tenía elección. También recuerdo un día en que uno de los maestros nos amenazó con propinarnos cien azotes con una vara de bambú porque habíamos sido indisciplinados y poco rigurosos en el estudio del día, y yo más que ninguno. Cuando se acercó a mí, me dominó el terror. A diferencia de mis compañeros, a mí nunca me habían pegado. Movido por el pánico, me arrojé sin pensarlo dos veces a los pies del maestro. Éste renunció de inmediato a su proyecto y dio media vuelta, terriblemente consternado. Más tarde comprendí que aquel hombre se había sentido culpable por haber inducido a un *tulku* a prosternarse ante él.

Para mí, aquel período fue a la vez duro y enriquecedor, pero al término de esos tres años lo que más deseaba era proseguir mi formación. Continué viviendo así entre Tsurpu y Bokar, en el monasterio fundado por Karma Sherab Eusser, adonde no tardé en regresar. A los veinte años quise realizar un retiro de tres años, pero el *karmapa* me hizo saber que tendría que posponerlo. Descubrí entonces que mi país estaba en peligro. En 1940, tras un largo período de regencia, se proclamó al decimocuarto Dalai-Lama, que sólo tenía cinco años. En 1949 se creó la República Popular China. Los comunistas chinos consideraban desde hacía mucho tiempo el Tíbet parte integrante de China, y a los tibetanos, una de las cinco nacionalidades de la República. El gobierno tibetano hizo un intento por la vía diplomática que acabó en un fracaso.

Ese proceso desembocaría en la anexión del Tíbet por parte de China. ¿Vio usted a los soldados chinos invadir su país?

Sí. La situación era peligrosa. Los chinos proclamaban su intención de destruir los templos y los monasterios. El propio *karmapa*, que residía en Tsurpu, preparó su huida en dirección a Bután.

¿Le acompañó usted en su exilio?

No. Pese a que la situación militar era grave, le pedí permiso para ir a Lhassa, donde no había estado desde hacía mucho tiempo, porque deseaba ver de nuevo el Djowo antes de salir del país.

¿El Djowo?

Es una estatua. Creemos que fue esculpida cuando Buda aún vivía. Para un budista tibetano, ir a ver el Djowo equivale a lo que ustedes llaman una peregrinación.

¿Algo así como el viaje a La Meca para los musulmanes?

Sí, exacto.

¿No era una imprudencia ir a Lhassa cuando comenzaba la invasión?

Desde luego. Por eso el *karmapa* me ordenó que me quedara solamente un día. Me acompañaron otros dos lamas. Tuvimos que cabalgar dos días para llegar a nuestro destino. Los chinos pululaban por las calles de la capital y en el ambiente flotaba una tremenda agresividad. En aquel clima de extrema tensión, nos dirigimos a toda prisa al lugar donde está el Djowo.

¿Pudieron marcharse en el plazo que se les había indicado?

Ahí es donde la historia toma un giro increíble... Habíamos decidido adquirir, antes de marcharnos, algunos productos que necesitábamos. Uno de mis compañeros consideraba que la precipitación nos obligaría a comprar a cualquier precio y logró convencernos de que concediéndonos un margen de dos días lograríamos un ahorro sustancial. ¡Imagínese! ¡Nos encontramos yendo de tienda en tienda, comparando precios, mientras el ejército chino invadía el país! Los comerciantes se quedaban estupefactos al vernos. Ellos se dedicaban a preparar el equipaje y guardar sus mercancías en un desorden indescriptible. Algunos huían abandonando sus productos. El pánico reinaba por doquier..., excepto en nuestro pequeño grupo, preocupado por administrar su presupuesto.

Finalmente comprendimos que el Khampa, el movimiento de resistencia nacionalista, había sufrido una grave derrota. Los motines iban a extenderse por la ciudad de un momento a otro. Un cortejo de hombres pasó ante nosotros. Exhibían el cadáver de un ministro tibetano que se había unido a la causa china y conspirado contra el Dalai-Lama con objeto de que éste fuese capturado y conducido a Pekín. Por todas partes, la gente saqueaba las tiendas chinas. Era el 10 de marzo de 1959. Aquella misma noche, el Comité de Liberación del Tíbet consideró que la guerra contra China había empezado. Una semana más tarde, el Dalai-Lama se vería obligado a exiliarse. Esta vez no nos quedaba más remedio que huir. Habíamos decidido salir de la ciudad durante la noche, a las tres. Un retraso de cuatro horas nos salvó la vida. A los primeros tibetanos que pasaron ante los puestos de guardia chinos los mataron. Nosotros no partimos hasta el día siguiente, cuando la vigilancia ya se había relajado un tanto. Por el camino, unos soldados nos dieron el alto. Examinaron las mercancías que llevábamos y, pensando tal vez que ocultábamos armas, registraron minuciosamente los arreos de los caballos. Dos de ellos nos apuntaron con el fusil. Realmente creímos que iban a matarnos.

¿Sintió miedo?

No, en absoluto. ¿Se da cuenta? Es muy posible que el budismo esté en lo cierto y que, en determinados momentos, el hecho de no estar apegado a las cosas de este mundo nos ayude a no sufrir, a no experimentar ni angustia ni sufrimiento.

Unos días más tarde pasamos por monasterios desiertos, entre ellos el de Tsurpu. Por los caminos cabalgaban guerreros Khampa que huían al galope.

Fuimos a Bokar, donde la gente no era consciente de la situación. Tal como estaban las cosas, debíamos planear el futuro. Practiqué un ritual de adivinación para saber qué camino debíamos tomar, tanto yo como los otros monjes. Coloqué en un plato dos bolas de masa, cada una con un papel dentro. En uno estaba escrito «Partir hacia Nepal», y en el otro, «Quedarse». Al finalizar el ritual, la primera bola que cayó del plato mientras yo lo movía en círculo fue la de partir hacia Nepal.

Mis amigos decidieron libremente si deseaban acompañarme o quedarse. Setenta elegimos el exilio. Entonces comenzó un largo viaje, largo y difícil, ya que nos llevamos los objetos más valiosos del monasterio, entre ellos el *stupa*, la cúpula sagrada que contenía el corazón de Karma Sherab Eusser. Tuvimos que cambiar el itinerario en numerosas ocasiones para evitar un encuentro con los soldados chinos. Muchos de nuestros animales —cabras, yacs y corderos— murieron de frío en un puerto de montaña. Nuestras tiendas acabaron destrozadas. Los caballos ya no podían más. Sentíamos la presencia de los chinos muy cerca de nosotros, como un peligro innombrable. El miedo nos impedía dormir.

Creía que no conocía el miedo, ni siquiera ante hombres armados...

No podría explicarlo. Aquel miedo..., todavía hoy aparece en mis sueños... ¡Sin duda eso indica que no soy un gran lama!

(Bokar Rimpoché rompe a reír, como si no creyera en su propia humildad. Y prosigue...)

La continuación de mi historia es un continuo vagar. Primero nos instalamos en Nepal, en la región de Mustang. Luego yo me dirigí a Rumtek, en el reino de Sikkim, que fue independiente hasta 1975 y donde se había establecido el *karmapa*. Después a la India... En bastantes ocasiones me vi obligado a cruzar fronteras prohibidas sin visado, a viajar en camiones de mercancías, a desafiar a la policía, a enfrentarme a los bandidos, a caminar de noche y esconderme de día... Estuve en Lumbini, el lugar donde nació Buda, y en Delhi, donde el *karmapa* pasó una temporada, antes de llegar a Darjeeling, donde tendría lugar uno de los acontecimientos para mí más importantes. Allí, efectivamente, conocí al que iba a convertirse en mi maestro, Kalu Rimpoché, junto a quien permanecí más de veinticinco años, hasta su muerte.

Proseguí mi formación como *tulku*. Me propusieron aprender inglés y acepté. Una anciana inglesa que no se había ido de la India tras la independencia empezó a darme clases. Cuatro meses más tarde comencé a reflexionar sobre la cuestión. Me pareció que mi estudio de esa lengua me ocupaba tiempo en detrimento de otras disciplinas que, como tibetano y en calidad de *tulku*, debían importarme más: gramática, poesía, caligrafía, astrología... Así pues, renuncié al inglés y me dediqué a esas materias y a profundizar en el *dharma*.

¿Su posición sigue siendo la misma? ¿Estudiará inglés el joven tulku *de Kalu Rimpoché?*

Teniendo en cuenta la extraordinaria expansión del budismo en Occidente, sí. Quizás estudie también francés...

A continuación pasé muchos años de retiro en el monasterio fundado por Kalu Rimpoché, que como le he dicho se había convertido en mi guía espiritual. Junto con otros monjes, había construido el monasterio de Sonada. Allí aprendí las enseñanzas que me faltaban y el valor de los rituales...

Muchos de los que practican el budismo en Occidente conceden tal valor a los ritos que a ve-

ces nos preguntamos qué cuenta más, la espiritualidad en sí misma o su escenificación. Incluso aquí, hace un rato, he observado a dos jóvenes, que mantenían una conversación animadísima sobre la forma de plegar el kata, *ese pañuelo blanco que debían ofrecerle para rendirle homenaje. Yo he pensado que usted aceptaría el* kata *aunque estuviese mal plegado... ¿Cuál es el valor intrínseco de los ritos en el budismo?*

En los ritos, lo que cuenta por encima de todo es la intención con la que se realiza un gesto. Un rito desprovisto de alcance interior es vano. La intención debe estar conectada con el sentido profundo del gesto, que siempre tiene un significado. En este caso, la ofrenda del *kata* no sólo es un homenaje, sino también una manera de situarse en la tradición del *dharma*, de la enseñanza. Una vez que se me ha hecho entrega del *kata*, yo lo devuelvo poniéndolo sobre los hombros de quien me lo ha dado. Eso significa que la ofrenda me ha conmovido y que yo la ofrezco a mi vez. Nuestros sufrimientos y nuestro deseo de dejar de sufrir son idénticos. Devolviendo el *kata*, expreso lo que ustedes llamarían un sentimiento de fraternidad y que la tradición budista denomina compasión.

Sin embargo, aunque la intención es esencial, en el rito hay también algo misterioso que está conectado con el espíritu. Sin que nos demos cuenta de ello, el rito actúa sobre el espíritu; ambos están relacionados. Yo diría que cuanto menos se haya desarrollado la naturaleza profunda del espíritu, más atención debe prestarse al rito, ya que éste puede servir de guía, de apoyo, de canalización para la práctica espiritual. Alguien que desarrolla poco a poco la verdadera naturaleza de su espíritu depende cada vez menos de los ritos, de forma que éstos se vuelven menos importantes. Y si, por ejemplo, alguien ha desarrollado por completo la naturaleza de su espíritu, entonces, con o sin ritos, en la naturaleza de su espíritu se expresará espontáneamente el vínculo correcto con todas las cosas.

En realidad, todo depende del desarrollo interior de cada uno. Cuando se está al principio del camino, uno se encuentra un poco preso de los rituales. Está atrapado, incapacitado para comprender su valor en toda su profundidad y extensión, pero le sirven de ayuda. Cuanto más se eleva, más liberadora le resulta la práctica de los rituales, pues el espíritu comprende mejor sus implicaciones.

Antes ha mencionado a su maestro espiritual. ¿Cómo supo que desempeñaría ese papel en su vida? ¿Qué fue lo que le permitió reconocerlo?

Kalu Rimpoché era como una llama ardiendo en un jarrón opaco. La luz está ahí, pero no se ve enseguida. Primero intuí su grandeza; luego fui descubriéndola de manera incesante. Sus conocimientos eran inmensos, y su compasión, inconmensurable.

A los ochenta y cinco años, Kalu Rimpoché cayó enfermo y tuvo que permanecer varias semanas ingresado en una clínica de Siliguri. Luego regresó con nosotros y poco después recayó. Esta vez, los médicos se desplazaron al monasterio a instancia nuestra. Insistieron en que Kalu ingresara de nuevo en la clínica, pero su estado era ya demasiado grave y hubo que proporcionarle respiración asistida en su habitación e inyectarle glucosa. En varias ocasiones indicó con gestos que quería incorporarse, cosa a la que los médicos se negaron. Tuvimos que enfrentarnos a ellos para colocar a Kalu Rimpoché en posición de meditación. Una expresión de profunda paz y serenidad apareció entonces en su rostro. Murió meditando, sumido en una gran felicidad. Su cuerpo permaneció en esa postura durante tres días. Pasado ese plazo, continuaba sin presentar signos de rigidez cadavérica; seguía flexible, y la carne estaba blanda. No aparecía ningún indicio de corrupción. Estaba muerto, pero no se transformó en cadáver hasta tres días después... De pronto, el cuerpo se desplomó. Kalu Rimpoché acababa de entrar en el nirvana...

Las condiciones de esa muerte permiten suponer que los grandes lamas no son seres «como los demás», que están dotados de poderes especiales. ¿Usted también tiene esos poderes?

Seres con una gran realización poseen el don de la visión o de la previsión. Pueden prever la fecha de su propia muerte y de la de sus allegados. Por ejemplo, Karma Sherab Eusser, cuya reencarnación soy yo, hizo construir un día un monasterio y anunció: «Este monasterio durará veinte años. Los monjes sólo lo ocuparán durante ese tiempo.» Y efectivamente, al cabo de veinte años los chinos invadieron el Tíbet y destruyeron el edificio. Karma Sherab Eusser podía anunciar la muerte de personas que vivían lejos sin que se presentara ningún mensajero; lo hizo en no pocas ocasiones, entre las que cabe destacar la muerte del *karmapa*. También tuvo, por supuesto, la presciencia de su propia muerte. La conservación del cuerpo una vez constatada la muerte, tal como sucedió en el caso de Kalu Rimpoché, se produce con frecuencia. Se dice que el cuerpo de un gran lama permaneció intacto durante cerca de diecisiete años. En otros casos, se procede a incinerar el cuerpo y entre las cenizas se descubren cinco pequeñas perlas de color blanco, azul, amarillo, rojo y verde. Son lo que queda de los budas que esas personas llevaban en su interior.

¿Cuál es el origen de esos poderes?

Nuestro espíritu posee por naturaleza esas inmensas cualidades. En nuestro lenguaje, es lo que llamamos el Potencial de Buda. En los seres ordinarios está recubierto por los velos «kármicos», esos obstáculos que las ilusiones del mundo colocan entre nuestro espíritu y su plena realización. Para que esas cualidades, que todos tenemos, se puedan manifestar, hay que purificarse y disipar los velos, lo que se consigue mediante la meditación.

Entonces, esos poderes que nos parecen sobrenaturales, ¿también los tengo yo sin saberlo, los tienen todos los seres humanos?

Sí, son constitutivos de la propia naturaleza del espíritu. Es algo absolutamente natural.

¿No es necesaria la ayuda de un poder divino?

No, esos recursos están en nosotros.

En lo que se refiere a sus propios poderes, ¿no identificó usted, en su infancia, a un monje al que jamás había visto antes?

(Bokar Rimpoché ríe de nuevo, pero la risa del traductor y de las otras dos personas presentes ha precedido a la suya. Antes incluso de que responda, los demás intentan en vano reprimir espasmos de alegría.)

Sí, pero aún no tengo suficientes poderes. Estoy en el camino, intento avanzar por él. ¡Con el tiempo sin duda lo conseguiré!

(Las risas aumentan. Todos han comprendido que la respuesta no es sincera. Resulta evidente que es la acostumbrada y que sólo persigue engañar al enemigo de la humildad. Es inútil insistir.)

¿Ha tenido alguna vez ocasión de volver al Tíbet?

Sí, regresé treinta años más tarde. Quería ver a mis padres, pero no pude ir hasta tres meses después de que falleciera mi padre.

Cuando llegué a la región donde nací, salió a recibirme un hombre al que no reconocí. Era mi hermano pequeño. En realidad, no reconocí a nadie, ¡ni a mi madre, ni a mis hermanas, ni a mi tío! Al partir había dejado a unas personas de posición modesta; a mi regreso encontré a unos miserables vestidos con pieles de cordero raídas y llenas de desgarrones. Todos nos echamos a llorar. ¡No podíamos parar!

¿Cómo vive en la actualidad?

Vivo aquí, en Mirik, en este monasterio que fundé. El entorno es hermoso y los retiros que realizan aquí los monjes son fructíferos.

También dirijo los retiros en los monasterios de Rumtek, Sonada y Labar.

¿Es cierto que usted experimenta serenidad, o se trata de un estado condenado a ser un objetivo inalcanzable?

Sufro por el sufrimiento de los demás seres. Y, como le he dicho, a veces algunos miedos vuelven a perseguirme. De hecho, la verdadera felicidad sólo se experimenta al salir del ciclo de las reencarnaciones; pero puedo decir que he recibido de los demás muchos beneficios y que percibo la serenidad, es decir, el desapego de lo que causa el sufrimiento.

Lo que ha contado sobre su regreso al Tíbet y sobre su familia, a la que no reconoció, es muy conmovedor, pero lleva a plantear una vez más la cuestión de la libertad. Usted ha sido elegido para un destino determinado. Otros, para otro. ¿Puede un budista decir alguna vez que ha vivido libremente?

En el budismo se acepta la noción de vida pasada y de vida futura. En el interior de esa noción de vida pasada y futura, las cosas no suceden por casualidad. Cada individuo tiene su *karma*. Para los budistas, el *karma* es la gran ley de los actos. Es el resultado de una especie de recuento de los actos positivos y negativos de nuestras vidas anteriores.

Según la balanza se incline hacia un lado o hacia el otro, renaceremos en una encarnación más o menos favorable.

El *karma* es, pues, una causa primera de lo que ustedes llaman el «destino», pero se actualiza con las circunstancias externas. El encuentro entre el potencial «kármico» de una persona y las circunstancias externas produce la vida de un individuo. Se trata de algo muy sutil, cuyos pormenores no se pueden captar en su totalidad. Para nosotros, los tibetanos, la vida se forja día a día mediante esta interacción. Por lo tanto, no somos prisioneros de un recorrido previamente escrito. Heredamos efectos producidos por nuestras vidas anteriores, pero somos plenamente responsables de nuestras vidas presentes y futuras.

¿Se puede escapar al karma*?*

«Ni en el aire, ni en medio del océano, ni en las profundidades de las montañas, ni en ninguna parte del mundo existe un lugar donde se pueda escapar a las consecuencias de los propios actos», dijo Buda. Esta forma de expresar las cosas muestra que nuestra conducta, buena o mala, implica indefectiblemente una consecuencia. En el budismo no hay efectos sin causas, y tampoco hay escapatoria.

¿No hay, pese a todo, algo de injusto en el hecho de ser castigados por actos que no somos conscientes de haber cometido, puesto que han tenido lugar en otra vida?

¿Por qué expresar eso mediante una mirada atrás? El budismo no anula en nada el libre albedrío, puesto que las vidas futuras dependen de las acciones en el presente. En consecuencia, nosotros postulamos que es preciso hacer la luz en nuestro interior y tomar conciencia de que el *karma* depende precisamente de aquel a quien se aplica.

Algunos ven una contradicción histórica entre la teoría del karma *y los sufrimientos que pa-*

deció Buda después de haber experimentado el Despertar. Una vez liberado del samsara *y, por lo tanto, del* karma, *¿por qué tuvo que seguir sintiendo dolor?*

Es una pregunta clásica. Presupone que el *karma* es simplemente una especie de justicia retributiva que funciona ateniéndose al sistema del castigo o la recompensa, con independencia de cualquier otro factor.

En realidad, no todo el sufrimiento proviene del *karma*. Si uno pilla una gripe por haber estado expuesto a la intemperie, su *karma* no ha tenido nada que ver con ello. Se producen numerosas interferencias entre el *karma* de los demás y el nuestro. Tomadas en su conjunto, las circunstancias externas tienen una gran importancia. Incluso pensamos que, en nuestra vida cotidiana, los acontecimientos que se producen en función del *karma* son muy pocos en comparación con los que suceden a causa de los hechos exteriores.

Es un error creer que las causas de un efecto son simples y se pueden separar. En realidad son complejas e interdependientes, y, en consecuencia, reacias por definición al análisis.

Un ejemplo clásico usado en el Tíbet es el de la semilla de albaricoquero. De esa semilla jamás brotará un pino. Ésa es una causa principal. Sin embargo, no basta sembrar para que el árbol crezca; eso depende también de las causas secundarias, como la calidad del suelo, el sol, el riego, etc. La semilla podrá dar un albaricoquero raquítico o majestuoso. ¿Se da cuenta? En este ejemplo se entrecruzan varios *karmas*: el *karma* de la semilla, el *karma* general exterior, y tal vez el *karma* personal de un hombre si éste pisoteara la tierra y matase el joven brote...

3

SABER MEDITAR

ESTABILIZAR EL CUERPO Y APACIGUAR EL ESPÍRITU

Así debéis pensar en este mundo fugaz:
Una estrella en el crepúsculo, una burbuja en un torrente; la luz de un relámpago en una nube de primavera; una llama vacilante, un fantasma y un sueño.

Enseñanzas de Buda,
El Sutra de Diamante

Quien reflexiona dice: «Medito.» Quien contempla dice: «Medito.» El hombre que dormita dice: «Medito.» El distraído cuya mente vaga dice: «Medito.» Meditación: la enorme magia que posee esta palabra confiere toda la apariencia de la profundidad y la densidad a quien la utiliza.

Es sabido que la meditación hace que aparezca en los labios una sonrisa extática. Te acostumbra a una beatitud tan grande que se podría hablar de ella como de una droga. ¡Eleva hacia las cimas del pensamiento o hunde en las profundidades del ser!

En otra ocasión conté mi propia práctica de la meditación: ¡nada que se parezca a lo que acabo de describir! Esto indica que existen al menos dos clases de meditación: la que crea ilusión y la que suprime las ilusiones. La primera suele ser occidental; la segunda es budista.

Con frecuencia pensamos que la finalidad de la meditación es alcanzar el vacío. Pero, dado que nuestra educación está marcada por el pensamiento científico dominante, ¿somos realmente capaces de creer en ese vacío? ¿No habrá siempre en él, como en ese que llamamos intersideral, algunas moléculas olvidadas que harán que esté... un poco lleno? Y tratándose del vacío de la mente, ¿cómo suponer que puede ser absoluto si un electroencefalograma nos muestra sobre el papel los trazos de nuestros pensamientos, constantemente activos?

Hay que admitirlo: aunque uno crea conocer los secretos de la meditación, ésta sólo se los ha revelado a los iniciados. Y jamás habíamos tenido tanta necesidad de penetrar en ellos. Ha llegado el momento...

¿Permite realmente la meditación alcanzar cierta felicidad, o sólo contribuye a anularla como objetivo?

La mayoría de los hombres buscan la felicidad. En Occidente todos tratan de alcanzarla por la vía material. Si el ciclo de las existencias, el *samsara*, los ha hecho renacer en unas condiciones de vida privilegiadas, no es por casualidad. Su conducta pasada, me refiero a sus actos, sus palabras y sus pensamientos, ha producido para ellos un *karma* favorable. Y, del mismo modo, su conducta presente condicionará la felicidad o el sufrimiento de su próxima vida. Así que todos trabajamos para preparar nuestra existencia venidera.

¿Quiere decir que la riqueza es una recompensa por haberse portado bien en vidas pasadas?

¡Desde luego que no! Simplemente, que la civilización en la que ustedes han nacido les libera de toda clase de presión material. Es una suerte indiscutible, ya que en teoría su espíritu se halla disponible y, por consiguiente, está más abierto a la meditación, a la compasión hacia los demás. Cuando la conciencia se encuentra permanentemente invadida por la simple preocupación de sobrevivir y hacer que sobrevivan los nuestros, resulta más difícil realizar prácticas espirituales regulares. En el fondo, ni que decir tiene que el grado de realización no depende de la posición social. Un humilde herrero puede estar cerca del Despertar y aspirar a renacer en el mundo de los dioses, mientras que un emperador que haya descuidado su propio espíritu vivirá su existencia futura en el de los animales.

Durante mis viajes he podido observar la búsqueda particular de los occidentales. He evaluado los medios de que disponen para desprenderse de las miserias materiales que impiden a muchos pueblos simplemente pensar en la felicidad como un objetivo. En comparación con otras regiones del mundo, ustedes tienen viviendas decentes y comen más de lo que necesitan. Cada familia dispone de un automóvil, de un televisor y de toda clase de comodidades.

La búsqueda de esa felicidad «práctica» parece ser el motor de su vida. Incluso especulan sobre sus satisfacciones futuras: estudian idiomas o informática con la esperanza de capitalizarlas mejor, por emplear su vocabulario. Aprenden jardinería o bricolaje para mejorar su marco de vida. Buscan nuevas amistades y nuevas actividades (tocar un instrumento, practicar un deporte, viajar) para hacer su existencia más placentera. Esperan, en suma, que de un trabajo a otro, de un momento al siguiente, ganarán más dinero y recibirán más gratificaciones.

¿Es ilegítima esa búsqueda?

Por supuesto que no; no es una cuestión de legitimidad, y todo sería maravilloso si su cálculo fuera exacto y rentable, si su posición acomodada, las cosas que poseen y la suma de sus satisfacciones les proporcionaran la felicidad.

Pero resulta que esas satisfacciones los frustran. Imaginan equivocadamente que su vida será mejor, y se percatan de que en su interior persiste una sensación de malestar. Confiando en liberarse de sus frustraciones, corren tras nuevos bienes materiales, tras nuevos proyectos especulativos que nunca bastan para saciar lo que creen que necesitan.

Los que moldean su sociedad lo han comprendido a la perfección. Los objetos materiales ya no se crean para subvenir a las necesidades, sino para suscitar su demanda. El objetivo de los inventores de la lavadora, el frigorífico o el automóvil era aliviar las cargas de sus semejantes. Gracias a ellos, la madre de familia ya no tenía necesidad de pasarse horas lavando; los porteadores ya no tenían que cargar barras de hielo al hombro; los hombres podían transportar mercancías sin realizar marchas largas y fatigosas. En la actualidad, los industriales ya no se preguntan: ¿Cuáles son las necesidades de nuestros semejantes? O bien: ¿Cómo se podrían evitar esfuerzos inútiles? Se preguntan: ¿Cómo podríamos crear una necesidad artificial? ¿Qué objetos inútiles podríamos hacer deseables?

Su carrera hacia las satisfacciones tiene un elevado precio: dedican a ella sumas de dinero que en África o en Asia podrían permitir que viviesen centenares de familias durante años. Otro coste es el del tiempo: adquiriendo sus posesiones y disfrutándolas, pasan un tiempo que echan de menos cuando ha pasado. Entonces se dicen que podrían haberlo utilizado de otra forma más gratificante. Y, por último, no hay que olvidar el coste que supone para el planeta, al que extraen toda su sustancia, como si exprimieran un limón, y cubren de desechos.

A veces toman conciencia de que su apresuramiento hacia ese tipo de felicidad es ilusorio. Hasta la fecha, los occidentales siempre habían pensado que el progreso aportaría a las generaciones futuras el beneficio de satisfacciones añadidas. La carrera hacia la felicidad-progreso estaba, según ustedes, unida al paso del tiempo. Hoy, por primera vez en su historia, piensan que sus hijos serán menos felices de lo que lo han sido ustedes.

Algunos se dan cuenta de que han confundido los placeres materiales con la verdadera felicidad, la cual es de un orden distinto. Creyeron, como la mayoría de ustedes, que las cosas de las que esperamos satisfacciones existen por sí mismas, con atributos y cualidades intrínsecas. Unos objetos serían deseables por naturaleza y otros indeseables, unos agradables y otros desagradables, unos buenos y otros malos. Decimos que tal alimento es «bueno» o que tal paisaje es «agradable». Pero en realidad vivimos en un mundo de proyecciones psíquicas: los objetos no existen por sí mismos; simplemente forman parte de un sistema evanescente y fugaz modelado por nuestro espíritu. Comprender esto es uno de los primeros pasos de la práctica budista.

¿Quiere eso decir que no es posible ningún «mejor-estar» real?

No. La verdadera felicidad, la que dura, está

al alcance de todos. Pero no la encontramos en los artificios creados por el espíritu, sino en el propio espíritu, en la naturaleza del espíritu, y es accesible a todos nosotros a través de un método llamado meditación.

A menudo creemos que la posibilidad de meditar es patrimonio de aquellos que disponen de tiempo y gozan de cierta tranquilidad. Pero en Occidente los que más necesidad tienen de alcanzar la paz viven, por el contrario, en un universo de velocidad, de obligaciones profesionales y familiares, de responsabilidades...

He dicho «todos nosotros» e insisto en ello. Todos podemos alcanzar la felicidad espiritual, cualquiera que sea el lugar donde hemos nacido, el tipo de vida que llevamos o el trabajo que realizamos.

En el Evangelio según san Mateo (6,6), se dice: «Tú, cuando ores, entra en tu cámara.» ¿Es tan sencillo meditar? ¿Basta con descender al propio santuario interior? Por ejemplo, ¿se puede meditar en la ciudad, en un taxi o en un vagón de metro?

Sí.

¿También durante una jornada agotadora de trabajo en la fábrica o después de ella?

Sí.

Una madre de familia que trabaja de día y por la noche tiene que ocuparse de sus hijos y de la casa, ¿puede meditar?

¡Sí!

¿Y un parado presa de la angustia, que se pasa diez horas al día buscando un empleo, y el resto del tiempo, la manera de salir adelante?

¡Sí, sí! Debe comprender que la felicidad que podemos alcanzar mediante la meditación se experimenta en todas las situaciones morales, psicológicas o sociales, incluso las más difíciles. Pero para percibir la verdadera naturaleza de las cosas, para liberarnos de la angustia, la nostalgia, la frustración y, de una forma más general, la desdicha, es preciso comprender y modificar nuestro espíritu.

¿A qué llama espíritu?

Algunas situaciones nos producen una sensación de contento; sonreímos, nos sentimos ligeros y colmados. A veces, por el contrario, otras situaciones nos causan un disgusto que identificamos con un trastorno, un desorden de los pensamientos. A lo que siente eso le damos el nombre de espíritu. El espíritu no tiene ninguna cualidad física. No es ni un continente ni un contenido. No tiene ni color ni textura. No es ni sólido, ni gaseoso, ni líquido. No está ni caliente ni frío. El espíritu no tiene ninguna cualidad material. No podemos decir que «existe» porque es semejante al vacío.

¡Pero tampoco podemos decir que no existe, puesto que lo identificamos gracias a lo que sentimos!

En efecto. Por eso llamamos espíritu a esa inmaterialidad que se encuentra en el centro de nuestros pensamientos, de nuestras experiencias conscientes e inconscientes, de nuestras percepciones, de nuestros recuerdos, de nuestros sueños. El espíritu es esa continuidad de los pensamientos, ese paso de uno a otro, esa posibilidad de volver de uno determinado al anterior. El espíritu no es un órgano que produce pensamientos y conciencia; es esos pensamientos y esa conciencia.

¿Cuál es entonces el papel del cerebro?

¿Por qué cita ese órgano físico y no otro? En Asia, algunos creen que el espíritu está situado en el corazón. Los budistas consideran que no está en ninguna parte... Incluso creen que el cuerpo físico y los objetos son producto de nuestro espíritu. De todas formas, órganos como el cerebro o el corazón sirven de soporte para el funcionamiento del espíritu, pero no son el espíritu y no «fabrican» el espíritu. Por eso su funcionamiento es cuantificable, mientras que el del espíritu no lo es.

En 1988 vinieron a verme unos científicos

norteamericanos de la Harvard Medical School. Su objetivo era ver funcionar el cerebro de personas que practican la meditación. Deseaban realizar estudios sobre el mío, con ayuda de receptores, electroencefalogramas y diversos instrumentos de medición. Fui a ver al Dalai-Lama con objeto de pedirle permiso para colaborar en estos experimentos, permiso que me fue concedido. En cuanto regresé, los científicos comenzaron su trabajo. Primero estudiaron la ejecución de *tumo*.

¿Qué es tumo*?*

Se trata de una técnica de meditación que incluye la práctica del yoga. Exige bloquear y retener la respiración para actuar sobre las energías sutiles. *Tumo* produce un inmenso bienestar y la sensación de que la temperatura física aumenta. Algunos compañeros y yo practicamos *tumo* durante toda una noche. Los científicos no paraban de hacer fotografías, tomarnos la temperatura y anotar sus observaciones. En cuanto al ejercicio de meditación propiamente dicho, nos sometimos tres a él. Además de los electrodos para el electroencefalograma, nos colocaron en la cara una mascarilla con un tubo. Este dispositivo permitía analizar nuestra respiración, mientras que un aparato medía la actividad del cerebro. El protocolo del experimento preveía causarnos estorbos sin que lo supiéramos, como, por ejemplo, dejar caer un objeto o que una persona pasara justo por delante de nosotros. En tales circunstancias, las curvas que reflejaban la actividad de mi organismo no experimentaron ningún cambio. Quedó demostrado que podía abstraerme por completo de cualquier perturbación material.

¿Sucedió lo mismo en el caso de los otros dos lamas?

No. En su caso, las perturbaciones modificaban la curva. Se formaban pensamientos de forma automática. ¡Los científicos dijeron que yo tenía una capacidad extraordinaria para la meditación!

Pero no hay que dejarse engañar. El espíritu no tiene consistencia material. Los aparatos de observación científica no pueden captarlo. Sin embargo, existe un vínculo entre el espíritu y el cuerpo; nos percatamos de ello cuando estamos inquietos o cuando una emoción hace que cambie el ritmo de nuestra respiración. Los científicos pueden observar los movimientos del espíritu, es decir, si hay o no pensamientos, estudiando la circulación sanguínea, las células del cerebro, las corrientes que atraviesan nuestro cuerpo. Pero eso es todo. La ciencia no puede ver la naturaleza del espíritu; sólo puede sacar conclusiones sobre los movimientos susceptibles de ser constatados en la relación del espíritu con el cuerpo.

¿Cuál es el fin último de la meditación?

La meditación es la vía que conduce al Despertar. Algunos logran ese resultado en su vida presente. Para otros, la meditación supone como mínimo una ayuda para atenuar el sufrimiento. Si nos aproximamos a la naturaleza de nuestro espíritu, y si lo hacemos con compasión, nuestras vidas futuras serán mejores y avanzaremos con más facilidad hacia el Despertar. El Despertar, que nos hace salir de la rueda de las existencias dolorosas, es el fin último de todo.

Yo traigo conmigo los dolores y las angustias que experimentamos en Occidente. Allí, la mayoría de las personas no aspiran al Despertar, sino simplemente a un poco de paz.

El primer beneficio de la meditación para un occidental es que descubrirá la existencia de la paz. Parece una insignificancia, pero es importantísimo. Ustedes ven esa paz lejana, creen que es inalcanzable. Apenas recuerdan haberse acercado a ella; como mucho, tal vez de niños. Tienen la sensación de que desde lo más profundo de su pasado salen a flote sus desazones, sus complejos, sus inhibiciones, sus preocupaciones, su inquietud..., en suma, su lucha interior.

Casi desde el inicio de su vida han encontrado enemigos: la pereza, las presiones, los deseos insatisfechos, las frustraciones, el maestro, el jefe..., ¡los demás! Por eso es esencial descubrir que la paz está en uno mismo, que siempre ha estado ahí y que es posible recuperarla. La meditación no «fabrica» la paz; ayuda a exhumarla.

La paz es también un primer paso hacia el Despertar, y el hecho de fijarse el Despertar como objetivo a largo plazo ayuda a meditar mejor.

Su pregunta encierra ideas preconcebidas: «La meditación es una técnica que me resulta ajena, perderé el tiempo intentando alcanzar un espejismo, nunca dispondré de la tranquilidad necesaria, tendré que aprender yoga, memorizar oraciones y fórmulas complicadas...» Algunos occidentales acaban por hacerse una pregunta: «¿No sería mejor consultar a un psicoanalista?»

Permítame que le diga lo que la meditación no es. La meditación no depende de las posturas, de las palabras, del silencio, de la tranquilidad, de los ritos. Las diferencias culturales no impiden meditar; se puede hacer aunque no se sea tibetano, indio o chino. Todo se basa en la esencia del espíritu, que es la misma para todos: franceses, americanos, alemanes, españoles o africanos. Las prácticas pueden variar de un país a otro, pero la naturaleza de la meditación, que consiste en dejar que el espíritu se vuelva hacia sí mismo, es universal. Esa idea de que la meditación depende de la cultura oriental constituye un primer obstáculo en el camino del Despertar.

¿Hay más obstáculos?

Sí. El principal es el apego al mundo, que encadena nuestro espíritu.

¿Cómo puede uno liberarse de ese apego? ¿No es natural?

Precisamente el hecho de que sea natural e instintivo es lo que nos encadena con más fuerza. Por eso antes de meditar debemos cobrar conciencia de que las cosas materiales a las que concedemos importancia no tienen una existencia real, estable y duradera. Nosotros decimos que nada es permanente.

Tomemos el ejemplo de un edificio, aunque sea uno de sus rascacielos. Nos parece que desafía al tiempo, construido como está sobre sólidos cimientos. Está hecho de hormigón, de vidrio, de acero. ¿Cómo no vamos a imaginarlo tangible e inmutable? Y sin embargo, un día lejano, dentro de miles de años, unos arqueólogos encontrarán sus ruinas. Los megalitos incrustados en la roca de sus ciudades habrán quedado reducidos a arena, óxido de hierro, polvo. Quien los examine entonces dirá a su vez: «Puedo tocar esta arena, este óxido; son reales e inmutables.» Y el error se reproducirá así hasta el infinito.

El razonamiento es idéntico si nos limitamos al presente. Ese rascacielos, en el mismo segundo en que uno lo mira, se está hundiendo unas micras en el suelo. El viento se lleva unas cuantas moléculas de hormigón. Unos átomos del hierro que forma su armazón se modifican. En un abrir y cerrar de ojos ha dejado de ser el mismo. En realidad, nunca ha sido idéntico a sí mismo. Nunca ha existido como rascacielos, objeto duradero y estable. Entonces, ¿de qué hablamos cuando nos referimos a ese rascacielos? De nada.

¡Eso no impide que hubiera un momento en que existiese!

¡Y ese momento no tenía ninguna consistencia, ninguna duración, puesto que otro momento lo anuló de inmediato! Se puede hacer el mismo razonamiento con los seres vivos. Nunca somos iguales a nosotros mismos. De la infancia a la vejez, nuestras células nacen, viven y mueren con independencia del nacimiento, la vida y la muerte de nuestro cuerpo. Algunas células son reemplazadas; otras desaparecen definitivamente. No hay un segundo en que sigamos siendo lo que éramos el segundo anterior. ¡Nunca nos hemos parecido a nosotros!

Los biólogos afirman que la totalidad de las sustancias que nos componen se renueva por completo cada siete años.

Sí, todo desaparece excepto la naturaleza del espíritu. E incluso cuando decimos que la esencia del espíritu es permanente es una manera de hablar; en realidad, la naturaleza del espíritu se sitúa más allá de los conceptos de permanencia y no permanencia, más allá de lo que nuestro espíritu puede concebir en esas nociones.

Así pues, es evidente que todo cambia hasta el punto de que no podemos designar nada como real.

La física evoca ideas similares cuando emplea la noción de entropía. La tendencia natural de todo sistema físico es desestructurarse en lugar de estructurarse. Todo tiende a desunirse. No hay nada que no vaya hacia su propia desorganización. Algunos extienden este razonamiento a las ciencias humanas y aplican el principio de entropía a las sociedades, a los grupos humanos.

Todo se destruye, todo pasa. Lo mismo sucede con las satisfacciones. De eso es de lo que hay que tomar conciencia. Cualquier satisfacción puede ser comparada con un helado de té, que parecerá contribuir a nuestra felicidad si a nuestro alrededor hace mucho calor. Su forma, su color, su textura, su olor, todo en él despertará nuestro deseo, y nos resultará difícil comprender que la satisfacción que nos proporcione no es en absoluto constitutiva de una felicidad auténtica y duradera. Lo que nos parecía deseable hace un instante tal vez se convierta en repugnante a la primera cucharada. Si la temperatura baja, el helado ya no nos atraerá. Y una vez ingerido el helado, nuestro espíritu no habrá avanzado ni un milímetro. Lo que buscamos se parece a ese helado. Tiempo atrás, en Occidente, las poblaciones rurales se precipitaron hacia las ciudades, donde gracias a la electricidad, al agua corriente, a los bienes materiales, la revolución industrial ofrecía una vida menos precaria. En la actualidad todo se ha banalizado; lo que antes era satisfactorio se ha vuelto agotador. Muchos ciudadanos vuelven a la naturaleza en busca de menos comodidades, de unas condiciones de vida más rústicas.

¡Pero a veces un objeto, un elemento de comodidad material nos satisface de forma duradera!

Sí, y nos acostumbramos a él hasta el punto de que se crea una dependencia. Si dejamos de poseerlo, nos sentiremos frustrados. Habremos pasado de la felicidad al sufrimiento. Buda dijo que las satisfacciones de este mundo son como miel extendida sobre el filo de una navaja. La lamemos y apreciamos lo agradable de su sabor. Luego otra sensación se sobrepone a la primera: nos hemos cortado y sentimos dolor.

¿De dónde proceden nuestras satisfacciones, nuestros sentimientos, nuestras sensaciones? Del mundo exterior. Y los fenómenos del mundo exterior son manifestaciones de nuestro espíritu.

De forma que esos fenómenos, si son en cierto modo hologramas producidos por nuestro espíritu, no deberían afectarnos, ¿no es así?

En efecto. Todo nos parece real e independiente de nuestro espíritu, cuando es nuestro espíritu el que proyecta lo que creemos real. Por esa razón, según el estado en que se encuentre nuestro espíritu el mundo adoptará colores distintos. El enfermo que sufre se mostrará a veces agresivo o predispuesto en contra del mundo exterior; la luz del sol herirá sus ojos, pero un simple plato de sopa lo fascinará. Por el contrario, si nos hallamos bajo el influjo de una gran satisfacción, todo nos parecerá bello y agradable. La luz del sol nos resultará grata, y rechazaremos la sopa que al enfermo le parecía tan deliciosa por considerarla un alimento pobre. ¿Dónde está la felicidad objetiva, el sufrimiento objetivo? No existen. Todo depende de nuestro espíritu.

Resumiendo: según la lógica budista nada es permanente, nada existe de verdad. Y dado que todos esos fenómenos carecen de realidad y no existen sino como productos de nuestro espíritu, debemos aprender a liberarnos de nuestro apego a este mundo. Sólo así podremos meditar y aproximarnos a la naturaleza del espíritu...

Exacto.

Nuestro apego al mundo no se traduce únicamente en la posesión o el sentimiento de que las cosas existen de verdad. Están también los pensamientos, que nos inscriben en la duración: el pa-

sado y el futuro. El tiempo forma parte de nuestro mundo...

Eso constituye un obstáculo para la meditación. Todos los pensamientos, efectivamente, turban nuestro espíritu. Un día, Buda explicó esto:

> Lo que llamamos «pensamiento», de día y de noche, aparece y desaparece en un perpetuo cambio. Al igual que un simio que retoza en la selva agarra una rama, la suelta y agarra otra, lo que recibe el nombre de pensamiento aparece y desaparece de día y de noche en un perpetuo cambio.

Sin embargo, de todos los pensamientos que bullen en nuestro interior, los que hacen referencia al pasado y al futuro son los más perturbadores. Producen mucho sufrimiento. Buda también dijo:

> No persigas el pasado.
> No te pierdas en el futuro.
> El pasado ya no es.
> El futuro no es todavía.

Y escribió lo siguiente:

> Los actos pasados se asemejan a los sueños
> de la noche que finaliza;
> los proyectos de futuro se forman

con los ojos vendados;
el presente que se ofrece al espíritu
no es más que el paso de un destello en la noche.

Nos volvemos hacia el pasado en muchas circunstancias, pero en todos los casos esa mirada retrospectiva sólo engendra amargura. En ocasiones nos sentimos nostálgicos y creemos experimentar placer al recordar tiempos que creemos que fueron felices. A menudo, sin embargo, es nuestro recuerdo lo que hace aquellos tiempos más felices de lo que fueron. De cualquier modo, enseguida nos damos cuenta de que a esa breve satisfacción de la nostalgia le sucede la frustración: ese pasado ha huido, jamás podremos recuperar a aquel que fuimos, ni a aquellos que nos rodeaban y a los que amábamos. Pensamos en la casa que poseíamos antaño, en nuestro bienestar de aquella época, en los objetos con los que estábamos encariñados, en nuestra juventud. Entre esos pensamientos fluye un instante de placer. En el instante siguiente, lloramos y estamos tristes. La añoranza, que instala el sufrimiento en nuestro espíritu, nunca anda lejos.

En otros casos nos torturamos a causa de errores que hemos cometido. Por ejemplo: un oficinista ha borrado por descuido un disquete informático del que no había hecho previamente una copia y ha recibido una severa reprimenda de su jefe. A partir de ahí, nada puede reparar el hecho de que el disquete haya sido borrado;

nada puede crear una copia de un original desaparecido. Pensar en el asunto una y otra vez no cambiará nada. Por supuesto, si darle vueltas y más vueltas a la idea del acto equivocado permitiese retroceder en el tiempo y remediar el error, habría que movilizar el espíritu con este fin. Pero el oficinista continuará pensando en su error sin que el sufrimiento causado por sus pensamientos pueda cambiar en nada el curso de las cosas. El acontecimiento pasado es irremediable, y utilizar un retrovisor temporal resulta a la vez doloroso e inútil. Es preciso romper ese retrovisor.

Para romperlo, debemos comprender que el pasado no es más que una construcción de nuestro espíritu. La memoria es una ilusión. Al igual que un espejismo, varía. Un mismo hecho adoptará unos colores y una textura diferentes según el momento en que ejerzamos nuestra facultad de recordarlo. Entre las percepciones que engendra nuestro espíritu, no hay ninguna que no se aplique a objetos perecederos, relativos, efímeros y, por lo tanto, desprovistos de realidad.

Los creadores de moda trabajan con esa noción de lo efímero y la llevan al límite. Una prenda de vestir es de por sí lo más superficial que existe, tanto en sentido literal como en sentido figurado. Pero al negarle el escaso valor que posee por el hecho de haber pasado una temporada, reforzamos esta idea: todo es virtualmente caduco incluso antes de haber existido... Me sorprende que casi nadie haya reflexionado sobre esta dimensión de la moda. Aunque, si no se da ningún valor a los pensamientos relativos al pasado, ¿cómo concedérselo a los que miran hacia el futuro?

Los pensamientos relativos al futuro son muy turbios, en el sentido que se le da a este término al decir que un remolino de fango ha vuelto opaca el agua. Podemos encontrar la paz en el presente, pero la mayoría de los hombres la destruyen con la única finalidad de preocuparse por el futuro. Se preguntan si mañana estarán en paro, si se verán privados de vivienda, si estarán enfermos... Se torturan debido a una situación que no se ha presentado y que, por lo tanto, no existe. Estos pensamientos ilusorios construyen, mediante una proyección del espíritu, un mundo de sufrimientos interiores. Además, nuestros pensamientos relativos al futuro a menudo contemplan el lado más negativo. No pensamos que todo irá bien, sino que hacemos previsiones sobre problemas generadores de sufrimiento. Intente por un momento apartar cualquier pensamiento relacionado con el pasado o con el futuro, sea próximo o lejano. Intente percibir únicamente el presente. En general, una gran parte del sufrimiento desaparece.

Todo esto puede parecer teórico. Organizamos toda nuestra vida en función del futuro. Va-

mos al colegio y a la universidad para encontrar más adelante un trabajo, pues sin él no podremos vivir. A continuación trabajamos para ser útiles a la sociedad en la que nos hallamos integrados, pero también para avanzar hacia lo que deseamos realizar. Si no tuviéramos ninguna perspectiva de futuro, ¿qué actos presentes realizaríamos? ¿Actos gratuitos?

Si se perciben los fenómenos del mundo como algo desprovisto de materialidad, pasajero y generador de sufrimiento, el futuro pierde su importancia. Pero sé que esta respuesta no le satisfará, ya que sólo quienes tienen una práctica avanzada del *dharma* pueden rechazar cualquier pensamiento de futuro por este motivo.

Aun así, consideremos el caso de un hombre versado desde hace tiempo en la meditación y el control del *dharma*. Podrá continuar ejerciendo una actividad profesional y teniendo en cuenta el futuro. Sin embargo, sabrá que cualquier pensamiento relativo al futuro está desprovisto de existencia, que es un fenómeno ilusorio y sin objeto. Recorrerá el tiempo como un hombre normal y corriente, pero los pensamientos relativos al futuro ya no le causarán sufrimiento. Al estar un poco más avanzado que los demás hombres en el camino de la realización, concederá menos importancia que ellos a la propia noción de futuro.

A aquel que se inicia en la meditación, en cambio, los pensamientos relativos al futuro pueden parecerle esenciales. La vida profesional, tal como la viven ustedes en Occidente, refuerza esta preeminencia falaz. Si uno debe participar en una reunión de trabajo, su espíritu se verá perturbado por tal perspectiva y, en lugar de concentrarse en el objeto de la reunión, se preguntará si está suficientemente preparado, si determinado participante se opondrá a su posición, si su jefe se sentirá satisfecho de sus intervenciones... En la mayoría de los casos, se proyectará hacia un futuro negativo y considerará las cosas desde la peor perspectiva. En resumen, esos pensamientos de futuro le producirán sufrimiento. Todo el trabajo que realice meditando debe conducir, en una primera etapa, a relativizar tales pensamientos, a restarles importancia.

¿Cómo puede un parado que debe asumir la carga de una familia, por ejemplo, encontrar fuerzas para evitar los pensamientos referentes al día de mañana?

No es una cuestión de fuerza, sino de actitud. Evidentemente, no se puede pedir a ese hombre que usted describe que renuncie a sus preocupaciones, aun sabiendo que éstas le producen sufrimiento. Pero ¿no podría, pese a su angustia, concentrar su espíritu en el presente, al menos de vez en cuando y durante unos minutos? ¿No podría en ocasiones dejar que su conciencia repose alejada de los pensamientos de futuro? ¿No cree que de ese modo encontraría un poco de sosiego? A veces comparo nuestros pensamientos relativos al futuro con el mecanismo de un reloj. Si se le da demasiada cuerda, es decir, si uno se centra exclusivamente en la angustia causada por el futuro, el resorte se tensa tanto que corre el peligro de romperse.

Creer que las responsabilidades que tenemos para con nosotros mismos y para con los demás impiden meditar es un error. No olvide que el budismo propone a cada uno su propio nivel de interpretación y de práctica.

Entonces, para meditar correctamente y conseguir apaciguar el espíritu, ¿es preciso abstraerse de todo lo que no sea el presente?

Basta con mantener el espíritu distendido, inmóvil en el lugar donde le resulta fácil posarse: el presente; no seguir los pensamientos que nos llevan hacia el pasado o el futuro. ¡Es muy fácil! El espíritu está como haciendo escala, relajado. No hay que volver atrás ni proyectarse hacia delante; simplemente, hay que conformarse con el lugar donde uno se encuentra.

Está muy extendida la idea de que para practicar la meditación budista hace falta un guía, un maestro...

Según la visión del budismo que tenemos en el Tíbet, para alcanzar la naturaleza última del espíritu es necesaria la ayuda de un maestro, de un lama. La gracia del maestro es la que nos guía hacia el Despertar. Para meditar mejor, rezamos al lama que consideramos nuestro maestro imaginándolo sentado sobre un loto encima de nuestra cabeza. Luego nos representamos su cuerpo convirtiéndose en luz, y esa luz desciende por nosotros, aportándonos su gracia. Entonces formamos uno con él, le otorgamos nuestra confianza y, en el sentido más literal del término, nos «remitimos» a él. A esta forma de abandono de uno mismo la llamamos «refugio». Nos refugiamos en nuestro maestro, como también lo hacemos en Buda.

Supongo que esto no resultará muy inspirador en la práctica de la meditación para un occidental principiante, así que lo que debe hacer es limitarse a meditar con sinceridad, sin hacerse demasiadas preguntas. Si avanza por la vía del *dharma* y aspira a ir todavía más lejos, encontrará un maestro. ¡Deje actuar el *karma*!

¿Cómo hay que meditar?

La meditación no es un fin en sí mismo, sino una técnica para acceder a la realización de la naturaleza del espíritu. Al igual que sucede con todas las técnicas, hay que practicarla a fin de que resulte cada vez más eficaz. Se debe meditar con regularidad, todos los días o al menos varias veces por semana. El tiempo que transcurra sin hacerlo hará que se pierda lo que se ha avanzado...

¡Pero para eso hace falta precisamente disponer de tiempo!

¡Los occidentales siempre quieren ser más budistas que el Dalai-Lama! ¡Por eso creen que la duración de la meditación es lo que le confiere valor! En realidad, una sesión puede durar apenas unos minutos, y con frecuencia así resulta más beneficiosa que si se pasan horas meditando con la única finalidad de demostrarse a uno mismo que es capaz de dedicar a la meditación un tiempo que, empleado en otra actividad, sería valioso y útil para los demás. En cualquier caso, el tiempo de meditación que yo aconsejaría es de aproximadamente quince minutos. Si se quiere meditar más, es preferible organizarse el tiempo en sesiones cortas interrumpidas por pausas.

¿Es preciso disponer de un lugar especial?

No. La meditación debe poder practicarse en todas partes. Sin embargo, si se tiene la posibilidad, es preferible reservar en casa o en el trabajo un rincón tranquilo, aireado y ordenado. Por ejemplo, si uno mira a su alrededor dando una vuelta completa, en un momento dado encontrará en su campo de visión un elemento de sosiego: un objeto familiar, las proporciones armoniosas de una pared vacía, el color de una cortina, la forma equilibrada de un mueble... Ya ha encontrado su lugar de meditación.

Cuando se empieza a meditar, ¿es conveniente hablar de ello con las personas del entorno, hacer que compartan lo que uno siente?

No. La meditación es un ejercicio espiritual interior; no hay que convertirla en un elemento de prestigio social, por muy tentado que uno se sienta de hacerlo. Se van a almacenar energías beneficiosas; y es preciso no corromperlas, continuar viviendo normalmente. La meditación transformará el espíritu de un modo muy sutil. Hará ver la vida y el mundo de un modo distinto, con más claridad. Hará que se sea más compasivo con los demás y más sereno en las experiencias cotidianas. Pero esos cambios son interiores, y uno no ganará nada convirtiendo su práctica en un elemento de atracción social. Tratar de impresionar a los demás sólo sirve para desviar la práctica.

En cambio, si uno encuentra a un maestro experimentado en el *dharma*, tal como hemos dicho antes, entonces podrá abrirse a él y otorgarle su confianza para avanzar, del mismo modo que un estudiante de piano puede apoyarse en el virtuoso del que es hijo espiritual.

¿Qué condiciones previas exige la meditación?

Hay que observar una conducta sana. Debemos permanecer atentos a la actividad de nuestro cuerpo, a la actividad de nuestra palabra y a la de nuestro espíritu. Debemos examinarlas y buscar en ellas lo que puede ser perjudicial para los demás, a fin de eliminar esos elementos. Tenemos que juzgarnos a nosotros mismos, lo que no es una tendencia natural ni espontánea. Por ejemplo, la forma de tratar nuestro cuerpo, de mantenerlo sano, de alimentarlo, ¿es respetuosa? Esta preocupación no es lo que ustedes llaman egoísmo. Pensemos en ello un instante. ¿Acaso la degradación de nuestro cuerpo no puede causar sufrimiento a los demás, sobre todo a los que nos quieren? ¿Acaso no amenaza con disminuir los beneficios de la meditación, que repercuten a la vez en nosotros mismos y en aquellos que nos rodean?

¿Se debe adoptar forzosamente una postura determinada para meditar? ¿Cómo hay que colocar las piernas, por ejemplo?

La postura debe ser favorable, por supuesto. El cuerpo y el espíritu están unidos por «hálitos sutiles» que conducen la energía de uno a otro. Es conveniente que esos hálitos sutiles puedan circular, y para ello lo mejor es mantener una postura erguida. Para los budistas tibetanos, la posición adecuada es la siguiente: cruzamos las piernas en la postura del loto, colocando primero el pie izquierdo sobre la pierna derecha; la planta de los pies debe estar ligeramente orientada hacia arriba.

Si así no estamos cómodos, también podemos colocar el pie izquierdo contra la ingle derecha y, simplemente, apoyar el derecho en el suelo. La primera postura, la del loto, es la del *vajra*; la segunda, la del semiloto, es la del *bodhisattva*.

Se calcula que en Occidente un niño permanece sentado cerca de tres mil horas al año: en clase, delante del televisor, a la mesa... Esta cifra aumenta en la edad adulta: viajamos sentados, bien al volante del coche o en los asientos del metro. Los empleados del sector terciario, que son la mayoría en nuestra sociedad, trabajan sentados frente al ordenador o detrás de una ventanilla. Gran parte de los asalariados de los otros sectores están sentados en un tractor, delante de un instrumento, etc. En nuestro imaginario colectivo se inventa sentado, se reflexiona sentado, se piensa sentado... ¿No es una impronta cultural tan fuerte que deberíamos poder meditar así?

Las posturas del loto y el semiloto pueden, efectivamente, parecerles incómodas, mientras que para nosotros son naturales. Desde luego, nada les impide meditar sentados en una silla o un banco. Lo importante es sentirse cómodamente instalado y permanecer erguido para facilitar la circulación de los hálitos sutiles.

¿Cuál es la mejor postura para los brazos y las manos?

La mano derecha colocada sobre la izquierda, en posición paralela a ésta, con las palmas hacia arriba y los dedos extendidos. Se puede curvar ligeramente las manos, en forma de bol, de manera que los pulgares se unan y formen un triángulo. Los brazos deben estar distendidos y no tocar el pecho, a fin de que el aire circule alrededor del cuerpo. Nunca hay que cruzar ni los brazos ni las piernas.

¿Y la espalda?

Es lo más importante. Hemos dicho que el espíritu y el cuerpo están unidos por unas corrientes energéticas que llamamos hálitos sutiles. Estos hálitos circulan a partir de un eje vertical que coincide con la columna vertebral. Entre ese flujo de energía y el mundo exterior hay unos puntos de contacto que denominamos *chakras*.

Si la espalda está curvada, torcida o ladeada, los hálitos no pueden circular con fluidez, lo que provoca dolores, rigideces y muchas enfermedades. Así pues, hay que mantener la espalda muy recta. Uno puede imaginar, por ejemplo, que sus vértebras son como monedas apiladas y que, si se encorva, las monedas caerán. Al principio resulta difícil permanecer mucho tiempo en esa postura, pero no tarda en convertirse en algo natural.

¿Hacia dónde hay que mirar?

Mucha gente cree que es preciso cerrar los ojos, pero no es verdad. En ocasiones, permanecer con los ojos cerrados favorece la somnolencia. Es preferible, por ejemplo, mantenerlos ligeramente abiertos y fijos en un punto situado unos veinte centímetros hacia abajo, como mirando al vacío; esto obliga a mantener la cabeza un tanto inclinada.

¿Y la boca?

La mandíbula debe estar suelta, sin que los dientes se toquen. Los labios tienen que rozarse, sin ejercer presión, y hay que apoyar la punta de la lengua en el paladar, justo detrás de los dientes de la mandíbula superior.

¿Por qué son tan precisas estas reglas?

Admito que pueden parecer un código un tanto rígido y gratuito, pero no es así. Pongamos un ejemplo. Como hemos dicho, es preferible mantener la punta de la lengua detrás de los incisivos superiores. La razón es sencilla: esa posición reduce la salivación y, por lo tanto, la necesidad de deglutir. Cuando uno adquiere el hábito de meditar durante períodos de tiempo cada vez más largos, se da cuenta de que las percepciones procedentes del cuerpo, al desaparecer gracias a estas técnicas, ya no le distraen.

¿Es necesaria la práctica del yoga?

El yoga ayuda a obtener una flexibilidad física que facilita adoptar las posturas. Pero no hay que obsesionarse con esas nociones. Si fueran determinantes, significaría, por ejemplo, que un artrítico no puede meditar. ¡Sería absurdo afirmar una cosa así! Si a uno le parece que una postura va en contra de la naturaleza de su cuerpo, si su morfología no se la permite, da igual. Una joven esbelta podrá adoptar fácilmente la postura del loto. Una mujer obesa no lo conseguirá, pero no por ello le está vedada la meditación. Lo que de verdad cuenta es que el espíritu y el cuerpo se liberen de las tensiones.

¿Cuáles son las etapas de la meditación?

La primera etapa consiste en estabilizar el cuerpo y apaciguar el espíritu. En tibetano, esta fase se llama *chiné*. Después viene la fase que nosotros llamamos *lhaktong*, la visión superior. Diferenciamos estas dos prácticas porque eso facilita el aprendizaje. En realidad, están vinculadas entre sí y no existen como dos aspectos de la naturaleza del espíritu. Pondré como ejemplo el estudio de un instrumento musical. Es como si se dijera que para aprender a tocar la trompeta primero hace falta aprender a dirigir el soplo para luego poder tocar realmente la trompeta. ¿Cómo es posible aprender a dirigir el soplo si no es tocando la trompeta? Diferenciamos las dos fases de la meditación únicamente por una cuestión de comodidad.

¿Cómo se empieza a meditar?

Vamos a descender por nuestro espíritu y, ante todo, debemos operar en él un apaciguamiento similar al que hemos llevado a cabo en el caso del cuerpo. Recordemos esto como una regla primordial: no sigamos los pensamientos relativos al pasado o al futuro; permanezcamos en el presente y eliminemos la inquietud interior. Esa inquietud procede de la tensión provocada por nuestros pensamientos.

Para muchos occidentales basta con no pensar absolutamente en nada para estar en paz...

¡No conozco a nadie que consiga no pensar absolutamente en nada! El objetivo no es anular los pensamientos, sino no dejar que nos distraigan cuando constituyen un obstáculo para la búsqueda de la naturaleza del espíritu. Como usted bien dice, muchos occidentales creen que hay que cerrar la puerta a los pensamientos; pero los pensamientos empujan con fuerza y, como decía el sabio Gampopa, mantener la puerta cerrada resulta tremendamente fatigoso. Se trata de un esfuerzo inútil. Por el espíritu ascienden pensamientos en abundancia y de forma natural, y se pasa de uno a otro desordenadamente. En el caso de un principiante, yo compararía esos pensamientos con una cascada. ¡Es muy desalentador! Él intenta con toda su buena voluntad canalizar la cascada, y ese trabajo se lleva a cabo en detrimento de un verdadero acercamiento al espíritu. ¡Se siente como un albañil construyendo piedra a piedra una presa que se ve constantemente desbordada! Por lo general, en ese momento es cuando asalta la tentación de abandonar. Los neófitos se dicen: «Pienso, luego soy incapaz de meditar. ¡Tendría que detener todos esos pensamientos!» Esa crispación es nefasta. Si ascienden pensamientos, no pasa nada; si no ascienden, tampoco. Meditar no es dejar de pensar, sino conseguir no ceder a la distracción, no dejarse arrastrar.

Con un poco de tenacidad, no tardará en apaciguar el torrente de los pensamientos, que se convertirá en un río de caudal más regular. Poco a poco, su espíritu llegará a ser como un lago ondulante que muy pronto permanecerá totalmente en calma.

Para estabilizar los pensamientos y apaciguar el espíritu hay que centrar la atención en un punto de apoyo. A su alrededor sin duda habrá un objeto, un mueble, una taza o un jarrón cuya forma le resulte agradable. Debe clavar la mirada, por ejemplo, en la taza. El primer movimiento de su espíritu consistirá en discurrir por ella. Observará sus distintas partes: el asa, el vientre, la cara interior, la cara exterior. Luego los colores, el brillo, el material. Se sentirá tentado de evaluar su contenido. Pensará en su utilidad. ¿Suele contener té, café...? ¿Está resquebrajada? ¿Habrá que sustituirla dentro de poco? A continuación hay que abandonar esa reflexión, ese discurso, y mostrarse indiferente a la naturaleza y las cualidades de la taza, sin analizarla, limitándose a posar el espíritu sobre ella como se colocaría un objeto en un estante. Entonces se dará cuenta de que así es más fácil calmar el flujo de los pensamientos.

¿Cómo es posible conseguir esa calma cuando se vive en la ciudad y se está rodeado de ruidos: un niño que grita en el piso de al lado, el estruendo de los coches en la calle, el sonido de las bocinas...?

Nada de eso impide meditar. Lo que uno puede hacer con una taza, que canalizará sus pensamientos parásitos, puede hacerlo con sonidos de la vida cotidiana. Empieza posando su espíritu sobre un sonido, por ejemplo el de la circulación. Al principio se sentirá tentado de analizarlo. ¿Se parece a una ola? ¿Produce eco en los edificios cercanos? ¿Es posible identificar los diferentes ruidos yuxtapuestos, como el de una moto, un camión o un autobús? Después renuncia a esos pensamientos y, al igual que hizo con la taza, se limita a posar su espíritu sobre los sonidos que oye. Dejarán de ser una molestia; al contrario, resultarán de ayuda y se convertirán en un soporte para meditar. Esto es válido para toda clase de ruidos, sean agradables o desagradables.

Hay que procurar mantener el espíritu posado sobre un soporte mientras dura la meditación. Centrarlo en los ruidos de la ciudad es un buen medio para comprobar su estabilidad. Si uno percibe el sonido de forma clara y continuada durante un buen rato, significa que el espíritu está sosegado; si le parece que el sonido se vuelve intermitente o confuso, es que el espíritu ha recuperado su inquietud.

Podemos posar nuestro espíritu sobre un objeto, un ruido, un olor, sobre cualquier fenómeno agradable o desagradable que nos transmiten los sentidos.

¿Es ésa una de las funciones de las varitas de incienso que tanto se emplean en los países de tradición budista?

Exacto. Por supuesto, la tranquilidad del campo o la montaña es propicia por naturaleza a la meditación, pero los fenómenos sonoros, visuales u olfativos pueden ser subvertidos y empleados como instrumentos para estabilizar el espíritu.

Por ejemplo, me han comentado que el ruido de un grifo goteando les pone a ustedes los nervios de punta. Seguramente se debe a que odian que sus técnicas les traicionen, porque se han vuelto imprescindibles para ustedes. Siendo algo en un principio positivo, les crean dependencia hasta el punto de que un día les harán sentir frustración. Pero no volvamos atrás. ¡Las gotas que caen en un fregadero o un lavabo tienen una musicalidad y un ritmo excelentes para la meditación!

¿Podemos utilizar del mismo modo las sensaciones y los ritmos procedentes de nuestro propio cuerpo?

Desde luego. La respiración, sobre todo, constituye un soporte excelente para meditar. La respiración tiene una importancia primordial; es, en todas las tradiciones, lo que nos une a lo divino. El principiante debe prestar mucha atención a la forma de dirigirla, pues será el paso previo para todos los tipos de meditación.

Tiene que utilizar esta técnica con regularidad, ya que le ayudará a concentrarse en el espíritu. Lo primero es adoptar la postura que ya hemos descrito: la espalda bien recta y todo el cuerpo liberado de tensiones. Después, respirar despacio y de forma regular. Debe dar la sensación de que el aire levanta el abdomen antes de que lo hagan los pulmones. Y al exhalar, el vientre debe ahuecarse antes de que los pulmones se vacíen.

El flujo de la respiración se percibe en primer lugar en las ventanas de la nariz, porque el aire entra y sale del cuerpo por ahí. Se trata de aislar esa sensación. Es bastante sutil, pues solemos identificar nuestra respiración con inspiraciones profundas y espiraciones que elevan los pulmones. En este caso, por el contrario, es un céfiro, como una caricia apenas perceptible en los bordes de las ventanas de la nariz. Se pueden contar las veces que pasa el aire en ciclos de cinco o diez, y comenzar de nuevo desde cero si el espíritu, en vez de apaciguarse, se dispersa en demasiadas direcciones.

Es conveniente seguir el movimiento del aire

por el cuerpo. Podemos concentrarnos en la manera en que llena primero la parte inferior de los pulmones, lo que, a causa de la presión ejercida por el diafragma, hace que se eleve el vientre. Luego en la sensación de que la caja torácica se hincha, como un globo. Por último, en el vacío que se crea en todo el tórax cuando expulsamos el aire. Esta última sensación es muy importante, por su analogía con lo que deseamos obtener del espíritu: que quede vacío de toda contingencia para mostrarnos tan sólo su naturaleza.

Como siempre, hay que intentar permanecer indiferente a las ideas que nos asalten; no rechazarlas, sino aceptarlas. Se trata simplemente de no dejar que nos distraigan.

La propia meditación puede sugerirnos algunas ideas. Tal vez nos sintamos satisfechos por la forma en que progresamos, o desanimados si creemos haber fracasado, y entonces forzosamente acudirán pensamientos a nuestra mente. Nos diremos: «¿He seguido el método correcto? ¿Podrá funcionar realmente esto en mi caso? ¿Cómo reconoceré ese estado de apaciguamiento y pacificación del espíritu, si es que llego a alcanzarlo?» Nuestros pensamientos tomarán mil direcciones e indefectiblemente nos conducirán hacia aquello de lo que precisamente intentábamos huir... ¿Qué debemos hacer?

Esos pensamientos son inevitables, en particular para el principiante. Sería extraño que no apareciesen; en realidad, su ausencia sería un mal indicio. Así que no hay que impacientarse ni preocuparse, no hay que desarrollar energías negativas. Como todos los demás pensamientos, pasarán si no les prestamos una atención especial. El espíritu es como una extensión de agua: si arrojas una piedrecita al centro, sucesivas ondulaciones la recorrerán hasta las orillas; luego, las ondulaciones desaparecerán por sí solas y la superficie del agua volverá a ser prácticamente plana. Por el contrario, si imprimimos mucha fuerza a las ondulaciones, es decir, si perpetuamos la agitación, las ondas golpearán la ribera, lo que producirá otras ondulaciones en sentido inverso... Mantener el espíritu centrado en la respiración nos permite permanecer indiferentes a las distracciones producto de las ideas, positivas o negativas, que sobre la meditación nos sentiremos constantemente tentados a formular.

Seguir nuestra propia respiración nos ayuda a mantener el espíritu al margen de cualquier expectativa, de cualquier frustración, de cualquier atadura.

¿Sirve para lo mismo prestar atención a nuestro ritmo cardíaco?

En teoría, sí. Así es como los grandes lamas, expertos en la práctica del yoga, permanecen atentos a sus funciones fisiológicas y en ocasiones llegan a modificarlas.

Para un principiante, en cambio, resulta mucho más difícil concentrarse en los latidos del corazón que en el ritmo respiratorio, ya que los latidos son más tenues y, por lo tanto, más difíciles de percibir con claridad. Es inevitable que numerosas preocupaciones parásitas invadan su espíritu. Se pregunta: «Tal como los noto, ¿no indican estos latidos una enfermedad cardíaca cuya existencia hasta ahora ignoraba? ¿En qué zona del cuerpo debo tratar de escuchar mi corazón: el pecho, la muñeca, la sangría del brazo? No oigo bien mi propio corazón, ¿es normal?» Además, la ansiedad que todo esto produce puede modificar el ritmo de las pulsaciones, ya que el espíritu actúa sobre el cuerpo pese a no ser de la misma naturaleza que éste. Así pues, vale más seguir la respiración. Es el mejor instrumento.

Determinados estados físicos y anímicos, como una tendencia al abatimiento o al nerviosismo, ¿pueden dar al traste con una sesión de meditación en igual medida que la irrupción de ideas parásitas?

Sí. Yo llamo a esos dos estados sopor y agitación. Creo que, por razones culturales, el sopor es más frecuente en Oriente, mientras que la agitación lo es más en Occidente. Pero, por supuesto, eso varía según el temperamento de cada individuo.

Ambos estados pueden ser producto del cansancio o de una salud frágil. A veces también guardan relación con nuestras vidas anteriores, con nuestro *karma*. No forman parte de nuestra personalidad por casualidad. Por eso no hay que fingir que ignoramos nuestra tendencia dominante.

En el caso del sopor, primero es preciso despertar el cuerpo. ¿Se encuentra uno en una habitación suficientemente aireada? ¿Permanece lo bastante erguido? Lo repito una vez más: los hálitos sutiles deben circular, y lo harán mejor si la espalda está recta y el conjunto del cuerpo desprovisto de toda rigidez. También es conveniente levantar ligeramente la mirada, así como procurar que no se le cierren a uno los ojos; éstos deben permanecer entreabiertos. Para meditar, no hay que intentar alcanzar un estado de excesiva relajación, pues ello nos sumiría en la somnolencia.

A continuación se trata de imaginar, localizado en el corazón, un *tiglé*, es decir, una pequeña esfera de luz brillante.

¿Se refiere usted ahora al corazón como órgano físico?

No. Nosotros llamamos «corazón» a un *chakra* de la columna energética, es decir, a uno de sus puntos de contacto con el mundo, situado en este caso a la altura del órgano denominado corazón.

Hay que pensar que esa bola es de la misma naturaleza que el espíritu; después, visualizar el *tiglé* subiendo por el canal de la columna vertebral hasta el interior del cráneo, saliendo del cuerpo por arriba y ascendiendo hacia el cielo como si fuese un globo que al cabo de un rato ya no es posible seguir con la mirada y que finalmente se funde con el cielo. Uno debe retener esas imágenes y asimilarse a esa esfera. Al igual que ella, está fundido con el espacio. Lo normal es que sienta el espíritu menos indolente.

¿Qué debe hacerse en el caso contrario, el de la agitación?

Si el problema es producto de una excesiva agitación, hay que comprobar si hace demasiado frío en el lugar donde uno está. Se aconseja bajar hacia el suelo la mirada, entornar un poco más los ojos, sin llegar a cerrarlos, y sobre todo no empezar a meditar obsesionado por el éxito de la sesión, pues lo único que se conseguiría es incrementar la confusión de los pensamientos. Por último, reducir la duración de las sesiones hará que disminuya la impaciencia. Como ya he dicho, vale más una sesión corta y productiva que una sesión larga y tumultuosa.

Hay que intentar comprender el problema. Si un exceso de pensamientos te produce desazón, es que permaneces demasiado cerca del mundo material incluso mientras meditas. Esos pensamientos tratan de atraerte hacia los amigos, hacia los placeres que aprecias, hacia tu próximo viaje, hacia la cena que degustarás por la noche en tu restaurante preferido... Entonces debes recordar que esas cosas son pasajeras, ilusorias, y que de un modo u otro producen sufrimiento. Si no consigues quitarles importancia, restarles valor, al menos piensa simplemente que sin duda no merecen que tu espíritu sufra semejante trastorno.

A continuación se trata de imaginar, localizado en el corazón, un *tiglé* de luz sombría que desciende por el eje del cuerpo, atraviesa el suelo y se pierde en las profundidades telúricas. Hay que retener ese pensamiento e identificar el espíritu con ese *tiglé* negro. Por regla general, se notará el espíritu menos agitado...

En ambos casos, el del sopor y el de la agitación mental, es conveniente prestar atención a la postura. Tal vez sea aconsejable adoptar otra que se adapte mejor a la propia morfología. El cuerpo no tiene que estar rígido ni tenso; no tiene que sentir cansancio.

¿Qué se debe sentir una vez finalizada la sesión de meditación?

No existe ninguna regla al respecto. No hay que decirse: si me siento en tal estado, es un éxito, pero si experimento tal sensación, es un fracaso. Uno se equivocaría la mitad de las veces. Meditar desde una perspectiva orientada hacia la noción de éxito o fracaso no podría sino turbar el espíritu.

La meditación crea poco a poco, a lo largo de las sesiones, energías positivas en el interior de uno. Se notan por una sensación de bienestar, una especie de expansión del espíritu. Allí donde anteriormente se sentía contraído, tendrá la impresión de que algo se exalta, se difunde, se vuelve intenso y libre. Para nosotros, los budistas, estas nociones son importantes: la expansión y la contracción son señales que nos indican con toda seguridad si nos acercamos a la realización de nuestro espíritu o nos alejamos de ella.

¿Cómo debe terminar una sesión?

A fin de que las energías que libera la meditación no se diluyan de una forma inútil, es conveniente dedicarlas a nuestro propio avance o a los demás seres. Por eso, antes de reanudar las actividades cotidianas, hay que permanecer unos instantes con el espíritu totalmente lleno de aquéllos hacia los que dirigimos nuestras energías positivas.

4

RELATIVIZAR EL SUFRIMIENTO

LA MEDITACIÓN ANALÍTICA PARA MEJORAR LA VIDA COTIDIANA

Somos lo que pensamos.

Lo que somos se eleva con nuestros pensamientos.

Con nuestros pensamientos, construimos el mundo.

Habla o actúa con un espíritu puro y la felicidad te seguirá como una sombra, inquebrantable.

BUDA, *El Dhammapada*

¿Estará la meditación budista irremediablemente desprovista de sujeto y de objeto? No nos cuesta concebir que pueda exigir y producir a la vez el apaciguamiento previo del cuerpo. Comprendemos con facilidad que consiga canalizar nuestros pensamientos y aplanar la superficie de ese lago que representaría nuestro espíritu. Pero supongamos que nos estabilizásemos en el presente inmediato, que nuestro espíritu llegara a perderse en sí mismo... No podríamos, en tal caso, evitar sentir cierta frustración. ¿Consiste la meditación únicamente en establecer ese vacío aproximado en el que no sucede nada? ¿Sólo se desarrolla en torno a sí misma? ¿Cómo se puede llegar más lejos?

Los occidentales estamos demasiado marcados por la idea romántica de la meditación, totalmente orientada hacia la primacía de uno mismo. ¿Cómo encontrar en nosotros, más allá de esa quietud absoluta que se produce cuando meditamos, los remedios para nuestras verdaderas angustias?

Las palabras revelan nuestra forma de pensar. A propósito de la meditación, decimos «meditar en algo», lo que significa que le asignamos sujetos, temas que constituirán la materia en cuestión. ¿Les es ajena a ustedes esta noción?

No. En realidad se trata de la etapa siguiente. Hay que pasar del apaciguamiento, *chiné*, a la visión superior, *lhaktong*, que algunos llaman también meditación analítica. Ya sabemos que los pensamientos están desprovistos de realidad. No se originan en un lugar preciso, no permanecen en ninguna parte, no se desvanecen en ninguna dirección concreta. No podemos tocarlos. Son como un espejismo, desprovistos de materia, de consistencia, de colores. Sin embargo, nuestra tendencia natural es asimilarlos a objetos tangibles. Hacemos como si existieran; de ahí proviene el sufrimiento. Por ello es preciso tomar conciencia de la manera en que los pensamientos nos condicionan, nos manipulan. Es lo que se llama *lhaktong*.

¿Significa eso que, en una segunda etapa, la meditación permite organizar los pensamientos para destruirlos mejor o, más bien, para relativizarlos, en lugar de dejarlos pasar con indiferencia, como antes?

En cierto modo, sí. Sin embargo, es preferible empezar por *chiné*, la meditación de apaciguamiento mental sobre la que hemos hablado antes. Utilizamos la respiración como soporte para estabilizar el espíritu. Cuando éste está apaciguado, vamos más lejos y convertimos la respiración en objeto de la meditación. Descubriremos que podemos controlar los pensamientos en vez de dejarnos llevar por ellos. Meditemos, por ejemplo, en la forma o la dimensión de la respiración. ¿Tiene color? ¿Está fría, tibia o caliente? ¿Cuál es su esencia? Dejemos que nuestro espíritu cabalgue sobre ella.

Un poco más adelante haremos otro ejercicio, también precedido de una meditación de apaciguamiento mental. Nos concentraremos en un *tiglé* blanco, una pequeña esfera luminosa. Imaginaremos esa esfera en nuestra frente y nos diremos que forma una unidad con el espíritu. Luego meditaremos en el *tiglé*; nos interrogaremos acerca de su textura, su luminosidad, su esencia. ¿Ha sido «fabricado» por nuestro cuerpo? ¿Es, por el contrario, de una naturaleza ajena al cuerpo, que lo habría «aspirado» y asimilado? ¿Dónde está exactamente? ¿Entre los ojos? ¿En el seno? ¿En la frente? Cuando se aleja, ¿en qué dirección va?

Lhaktong es eso: una meditación sobre los productos de nuestro espíritu. En el caso del *tiglé* al que nos acabamos de referir, es posible que no encontremos respuestas a las preguntas planteadas. Tal vez las hallemos durante la siguiente sesión. En cualquier caso, habremos experimentado la capacidad de nuestro espíritu para volverse hacia los espejismos del pensamiento y analizarlos. Cuando el *lhaktong* sale bien, nos percatamos de lo agradable que es esa meditación. Se desarrolla como un gran espectáculo en el que nosotros dirigimos los pensamientos en lugar de suceder a la inversa. En definitiva, nos daremos cuenta de que todo lo que hemos encontrado en nuestro espíritu no existe realmente. Y ese estado de paz en el que «no se encuentra nada» es uno de los beneficios de la meditación.

En resumen, chiné, *es decir, la meditación de apaciguamiento mental, nos conduce a permanecer libres de los pensamientos que pasan y nos aporta claridad. Por su parte,* lhaktong, *es decir, la meditación analítica, utiliza el control de los pensamientos para hacer que constatemos mejor la ausencia del yo en nuestro espíritu.*

Así es. Se trata de dos experiencias muy distintas la una de la otra. La meditación analítica nos transmite constantemente la idea de que el mundo está vacío de cualquier existencia inherente.

La noción de vacío, en el sentido en que ustedes la emplean, a nosotros nos resulta muy desazonadora...

Todos estamos condicionados para creer lo que nos dicen los sentidos. Ustedes llaman a esto los datos de la experiencia. Su civilización, que es la del materialismo científico, todavía se halla marcada por ese condicionamiento. Recuerdo que padecí una ictericia muy fuerte y lo veía todo amarillo. Nuestros sentidos son como ventanas en las paredes de una casa: una abertura para la visión, otra para el oído, otra para el tacto, otra para el gusto y otra para el olfato. Los muros siguen ahí, sin embargo, y ocultan determinados aspectos de lo que nos rodea. Nos encontramos en un recinto y sólo podemos ver el universo a través de esas pequeñas ventanas; y confundimos la imagen que nos ofrecen con la verdad del mundo.

Tomemos un ejemplo clásico: esta mesa. ¿Dónde está su realidad? Podemos verla, tocarla, y de ello deducimos su existencia. Pero, de hecho, ¿dónde comienza su «mesitud», su naturaleza de mesa? ¿Dónde reside: en el tablero, en las patas, en los átomos? ¿A partir de cuándo la mesa deja de ser una mesa; cuando le faltan tres patas? ¿Cuántas partes es preciso quitarle para que pierda su supuesta realidad?

Si me volviera loco y se me ocurriese levantar esta mesa para dejarla caer sobre el pie de un monje budista, ¿pensaría él que no existe?

No se confunda respecto a la noción de existencia. El budismo no implica nihilismo. Nosotros no negamos la existencia del mundo ni de las cosas. La cuestión se reduce a que esta mesa no tiene una existencia inherente, una existencia en sí misma, sino una pobre existencia contingente, subordinada e inestable. Su textura, la materia que la compone, y su esencia se disuelven conforme transcurren los instantes. No es más que un conjunto momentáneo de elementos interdependientes; en ella se cruzan infinitas casualidades.

Por eso, cuando hablamos de vacío nos referimos a la ausencia de cualquier clase de existencia inherente, de cualquier clase de existencia absoluta, la cual no sería el fruto de una proyección de nuestro espíritu.

Algunos filósofos creen que el mundo sólo existe a través de las sensaciones. Afirman que, cuando uno pestañea, nada le garantiza que durante esa fracción de segundo el universo continúe existiendo.

Es verdad, y resulta muy difícil rebatir su teoría. Si les dices: «Otras personas ven las mismas cosas que yo, y en el instante en que mis ojos se cierran los suyos están abiertos», te responderán que nada te demuestra que los otros existan... Esto me recuerda una frase de un filósofo taoísta, Chuang-tse, que decía: «Anoche soñé que era una mariposa, y ahora me pregunto: ¿soy un hombre que ha soñado que era una mariposa, o soy una mariposa que en este momento está soñando que es un hombre?»

Este tipo de especulaciones son ajenas al budismo. Buda simplemente constató que la muerte nos hace entrar en lo no-nacido, no-ocurrido, no-hecho, no-compuesto. Eso significa que existe un nacido, compuesto, hecho, ocurrido... En caso contrario, no se podría salir de él. El estado de existencia está demostrado por su contrario. Eso, el budismo no lo niega.

En tal caso, supongo que rechaza la idea del Yo, de la Persona con mayúscula, como decíamos antes.

En efecto. Hay un Yo ilusorio y vano, que no es sino una alucinación; pero no existe ningún Yo estable, duradero e independiente del cuerpo y del espíritu. Tan sólo los convencionalismos nos inducen a creerlo.

El Dalai-Lama dijo: «Cuando quiero estar seguro de que existo, me pellizco.»

¡Claro! Le repito que no somos nihilistas. Nosotros no decimos que nada existe; simplemente, que las cosas no existen en el sentido que creemos.

Al igual que la mesa de hace un momento, el Yo no es más que un conjunto temporal y móvil de elementos dispares.

¿Cuáles son esos «elementos dispares»?

Pensamos que lo que ustedes llaman «persona» se compone de cinco partes: la forma material, es decir, el cuerpo; las sensaciones; las percepciones; los productos de la mente tales como actos volitivos, ideas o pensamientos; y la conciencia.

¡Pero el cuerpo está vivo!

No. Según nuestras creencias, el cuerpo no está intrínsecamente vivo. Está constituido de materia inerte. Tan sólo el espíritu, mediante la acción de las energías sutiles, garantiza su dinámica. No obstante, lo admito, hay algo que vive, trabaja, sufre o goza, duerme, medita y a veces se ilumina. Ese «algo» es una mezcla en proporciones variables de cuerpo, conciencia y espíritu. Ese «algo», en definitiva, no posee más existencia autónoma y real que la «mesitud» en el caso de un mueble...

En cualquier intento de profundizar en una vida espiritual, sea cual fuere, los auténticos perturbadores son el «Yo» y lo que me incumbe. Tiempo atrás escribí que, para calmar nuestra perpetua agitación, había que acallar ese tambor hueco que es el «Yo». El espíritu de un occidental está habitado por una orquesta sinfónica cuyos instrumentos son los pensamientos. El problema surge porque renunciamos con demasiada frecuencia a desempeñar el papel de director de orquesta y, por consiguiente, en nuestra conciencia reina una cacofonía atronadora, chirriante, disonante. Cada pensamiento ejecuta su partitura a contratiempo de sus vecinos e intenta sonar más fuerte que ellos. Se produce, pues, la anarquía, que provoca rivalidades y conflictos interiores permanentes. Ya no sabemos lo que dicta en nuestro espíritu la conducta adecuada: ¿la intuición quizás, el análisis, los sentimientos? Nuestra visión está obturada por la idea de un «Yo» que se percibe como un envite mayor. Liberados de la obsesión de ese «Yo», de nuestro narcisismo torturado, de nuestra inclinación hacia los tormentos interiores, tal vez percibiríamos con más claridad nuestra propia naturaleza...

Es justo eso. Y además, tras haber tomado conciencia de la vacuidad del «Yo», debemos eliminar la textura realista que damos instintivamente a nuestros pensamientos.

¿Y para eso es para lo que se utiliza la meditación analítica?

Sí. Al igual que antes meditábamos sobre el color o la temperatura de nuestra respiración, o incluso sobre el origen y la localización del *tiglé*, ahora meditaremos sobre todos los pensamientos que producen sufrimiento. Tendremos que llegar a esa situación en la que, al final de la sesión, «no se encuentra nada», para darnos cuenta de que nuestras preocupaciones y problemas no tienen existencia real. Este ejercicio nos resultará muy beneficioso.

¿Quiere decir que la meditación analítica puede ayudarnos a superar las dificultades cotidianas?

Sí. Meditaremos pensando que nuestros juicios mentales son espejismos. Por ejemplo, a veces pensamos acerca de nosotros mismos: «Soy feo», «Soy incapaz de alcanzar los objetivos que me marco», «Soy apático», «¡Realmente tengo un carácter endiablado!», «No estoy a la altura de las tareas que me asigna mi jefe y eso me hace perder puntos en el trabajo» o «No puedo hacer felices a los que me rodean porque soy demasiado débil»...

¿De verdad cree que nos tenemos en tan poca estima?

En general, creo que la causa de muchos de sus problemas es el escasísimo valor que se conceden a sí mismos. También suelen decir a propósito de los demás: «Ese tipo es un imbécil», «Esa persona es brillante», «Mi colega tiene más talento que yo», «Es generoso»..., y creen que esas constataciones se basan en nociones objetivas y estables, cuando en realidad nos limitamos a proyectar nuestras producciones mentales sobre la gran pantalla del mundo. La meditación, por poco que se centre en lo que sucede en nuestro espíritu, nos mostrará que la mala opinión que tenemos de nosotros mismos se basa en errores pasados, frustraciones antiguas, malos hábitos y, por lo tanto, en fenómenos abstractos y caducos que, de todas formas, jamás han existido de un modo tangible. Si reconocemos esto, estableceremos una relación distinta con el universo que nos rodea.

Vayamos más lejos... Los celos, el egoísmo, la ira, la exasperación, el hastío o la depresión son fenómenos mentales cuya existencia como tales depende únicamente de nuestra voluntad. Parecen existir porque creemos en su realidad y sólo por eso. Sumerjámonos en ellos durante la meditación, y comprenderemos que esos sentimientos tan sólo se sostienen gracias a nuestra adhesión irreflexiva, ya que no tienen ni textura ni existencia inherente y autónoma; son puramente transitorios, y debemos basar nuestra vida en otros cimientos.

El espíritu es por naturaleza claro y transparente... La meditación permite representárselo así. Hay que inspirar hondo y llevar el aire a lo más profundo del cuerpo; luego, exhalar el aire con calma y lentitud a través de los labios apenas entreabiertos. Después de repetir esta operación dos veces, respirar normalmente, concentrado en la respiración. La conciencia no tardará en agudizarse. Los sonidos del entorno, un soplo de aire en la piel, la suavidad de la luz...; la percepción de estas sensaciones es clara e inmaterial. Se trata de expulsar del espíritu las nociones de color, forma, textura, relieve..., conservando únicamente en el eje de concentración la claridad del espíritu.

Si a alguien le cuesta encontrar así el objeto de su meditación, que se imagine tumbado en la cima de una montaña. A su alrededor todo es blanco, inmaculado. Arriba hay un cielo límpido que le sugiere la idea de una transparencia total, de un espacio completamente libre y sin materia. Que imagine que esa masa gigantesca de vacío espacial desciende hacia su cuerpo y hacia la montaña donde está tumbado, y lo engulle a él y a todo cuanto le rodea. La claridad y la transparencia del espacio lo absorben; se ha vuelto a su vez translúcido y vacío. Que no se mueva. Que deje flotar su espíritu. Que deje surgir, sin seguirlos, sus dudas y sus pensamientos negativos: irritación, celos, miedo, angustia... Los verá elevarse y desaparecer; no tienen nada que hacer en la claridad del espíritu.

Se supone, entonces, que la claridad del espíritu, una vez recobrada siguiendo este método, debería permitirnos valorar de nuevo nuestros pensamientos sobre nosotros mismos, el mundo y los demás. ¿Puede esto llevarnos a que nos sintamos mejor allí donde la vida nos ha hecho nacer?

Sin duda alguna. En la mayoría de los casos no apreciamos en su justo valor nuestra propia vida. Para un budista, por ejemplo, el simple hecho de gozar de una existencia humana ya es un beneficio. Podemos incrementar nuestros potenciales, adquirir más sabiduría y compasión, ¡podemos ofrecer tanto a los que nos rodean!

Sin embargo, en la mayoría de los casos, insisto, los occidentales tienen una mala opinión de sí mismos. Se consideran incapaces de adaptarse al mundo o de hacerlo evolucionar... ¡Sienten que se les escapa una felicidad que tocaban con los dedos! Cuando miramos atentamente en nuestro interior, vemos que tenemos que realizar un reajuste.

Hay que empezar con una meditación sobre la respiración. Cuando el espíritu está claro y tranquilo, se inicia una meditación analítica dedicada a los sentimientos que se inspira uno mismo, pensando en su vida, en su personalidad, en las proezas que ha realizado, en la coherencia de su propia historia. Después se profundiza en la investigación: ¿Deja mucho que desear su existencia? ¿Se siente frustrado, culpable? ¿Tal vez desanimado o desesperado? ¿Es depresivo?

A continuación se relativiza la propia posición y se visualiza uno con el cuerpo de un perro vagabundo, privado de cualquier posibilidad de pensar, de tener objetivos autónomos, de avanzar hacia algún tipo de realización mental o espiritual, atrapado en el ciclo del hambre, la sed, el frío y el calor, el vagabundeo...

Luego se viste uno con la ropa de un mendigo de las calles de Calcuta o los arrabales de El Cairo. Su suerte no es mucho mejor. Las necesidades primarias acaparan su pensamiento: comer, beber, encontrar un sitio donde dormir; en una palabra, sobrevivir. No queda ningún resquicio para la posibilidad de avanzar hacia una felicidad relativa.

Por último se visualiza uno en una silla de ruedas. Está paralítico; depende de los demás. Se trata de imaginar todos los detalles de su existencia, de llenar el espíritu con las dificultades que implica esa vida.

¿Recomienda usted la desdicha de los demás como el analgésico ideal para nuestro propio sufrimiento?

Nunca es vano imaginar lo que otros padecen. Concederse, mediante la meditación, la oportunidad de vivir una parte de su experiencia puede resultar doloroso, pero edificante. El miedo, la dependencia, la paranoia, la desesperación, la decadencia, la agonía..., a través del espíritu podemos vivir con los más desfavorecidos estos sentimientos terribles. Entonces nos damos cuenta de que, con frecuencia, nuestros problemas no tienen nada en común con los suyos y que en ocasiones concedemos con demasiada complacencia una importancia desproporcionada a las ideas que nos producen sufrimiento. Muchos de ustedes tienen un corazón dispuesto a amar a los demás, una inteligencia hecha para comprenderlos y para maravillarse del mundo, una salud que les permite disfrutar de la vida y recibir placer de la existencia... Un gran número de ustedes viven en países libres de cualquier opresión real, rodeados de unas comodidades materiales que dejan el espíritu disponible para una mayor felicidad espiritual. Por muy desdichados que pese a todo puedan sentirse, calculen mientras meditan cuántos les envidiarían, para cuántos su desgracia sería felicidad... No se queden abstraídos. Imagínenlos de verdad, con su rostro y su aspiración a acompañarlos en ese estado que ustedes llaman «desdicha». Contemplen esto desde todos los puntos de vista. Den la vuelta a la situación en todos los sentidos. Luego examinen su estado de ánimo. ¿Siguen teniendo sus preocupaciones la misma consistencia? ¿No conceden más valor a la claridad de su espíritu que al hecho de ver resueltas sus frustraciones?

¿Se puede escoger el sufrimiento como objeto de meditación?

Debe hacerse. La cuestión del sufrimiento ocupa el centro de nuestras preocupaciones como seres humanos. Sobre ella han disertado filósofos, científicos han realizado investigaciones y religiosos han hecho vaticinios. Para algunos, el dolor físico es una señal de alerta gracias a la cual la conciencia informa al cuerpo de que corre un peligro. Para otros, el sufrimiento es el castigo administrado por un dios todopoderoso a sus criaturas rebeldes. Para otros más, no es sino la secuela de nuestros complejos e inhibiciones, por los que nos castigamos a nosotros mismos. Todo el mundo tiene algo que decir acerca del sufrimiento, ya que esta noción engloba a la vez estados psicológicos y estados físicos, enlazados unos con otros en una tela inextricable. Sin embargo, el budismo es el único sistema de pensamiento totalmente organizado en torno a una reflexión sobre el sufrimiento.

Las Cuatro Nobles Verdades enunciadas por Buda resumen el saber de los budistas sobre el sufrimiento:

1. El sufrimiento existe. Todos los seres, humanos o no, lo experimentan o lo experimentarán en grados diferentes.
2. El sufrimiento tiene siempre una causa, un origen vinculado a nuestros actos y nuestros pensamientos en una vida anterior.
3. El sufrimiento tiene un fin. Queda abolido cuando alcanzamos el estado de perfecto Despertar.
4. Existe un medio de acabar con el sufrimiento, que consiste en expulsar de nuestro espíritu sus causas, como la ira, el egoísmo, el apego a las cosas y otros estados espirituales negativos, en favor del amor, la compasión, la paciencia y otros estados espirituales positivos.

La meditación se inicia considerando que es posible «sufrir por los sufrimientos propios», sean éstos físicos o mentales. El sufrimiento primario es doloroso por definición; pero la simple idea de sufrir añade a esta experiencia un dolor adicional, un sufrimiento secundario. El sufrimiento primario está vinculado a hechos precisos: una herida, una conmoción, una quemadura, una decepción amorosa. El sufrimiento secundario, por su parte, procede del desconcierto de nuestra conciencia frente al sufrimiento primario: ¿lo soportaremos?, ¿degradará nuestro espíritu?, ¿amenaza con acapararnos hasta el punto de volvernos impermeables a todo lo que nos parece bueno y placentero del mundo exterior?, ¿aumentará?, ¿puede llegar a matarnos?

Uno empieza recordando al espíritu todos sus sufrimientos primarios actuales: acidez de estómago, migrañas, embotamiento, sofocos, cortes, irritaciones cutáneas, inflamaciones oculares, quemaduras, cansancio, tensiones musculares, dolor de espalda, palpitaciones, ahogos, sed, etc. A continuación revive la experiencia de estos sufrimientos y se recuerda que raramente transcurre un instante del presente sin que aparezca al menos uno de ellos. Después se vuelve hacia el dolor más intenso que haya sufrido en el pasado y se pregunta: ¿resurgirá en el futuro? ¡Sin duda alguna! ¿Se librará de esos sufrimientos que aparecen con el paso del tiempo, como pérdida de memoria, artrosis, cataratas, osteoporosis, etc.? ¡Seguro que no! Entonces se visualiza viviendo esas experiencias penosas. Va hasta el final y se convierte en espectador de la degradación progresiva de su cuerpo, hasta la muerte.

Con los sufrimientos morales, como la ansiedad, la cólera, la depresión, la confusión, etc., se actúa de la misma forma. Se hace una lista, empezando por los del presente y luego meditando en los del pasado y en los que indefectiblemente sobrevendrán en el futuro. En este estadio se dedican unos minutos de meditación a los sufrimientos morales relacionados con el cese de un placer, de aquello que uno creía que era una satisfacción duradera. Se recuerda la pena que se sintió cuando acabó una relación amorosa, cuando la belleza de un paraje querido se degradó, cuando unas maravillosas vacaciones tocaron a su fin, dejando paso al sabor amargo de la nostalgia. «¿He tenido alguna experiencia buena que haya durado siempre? —se pregunta uno—. ¿Me he sentido alguna vez absolutamente satisfecho, hasta experimentar una felicidad total y elevada?»

Luego recuerda todos sus sufrimientos secundarios, el sufrimiento que, en cierto modo, le produce sufrir. Trata de identificarlos, de catalogarlos. Pasa de uno a otro y, cada vez que lo hace, los siente, aislándolos como si fuesen un objeto separado que uno quisiera observar a través de una lupa.

A continuación extiende su conocimiento de todos los sufrimientos a aquellos que le rodean: amigos, parientes, compañeros... ¿Existe una sola de esas personas que esté a salvo, en uno u otro grado, del sufrimiento? Por supuesto que no. Después comparte por un instante el sufrimiento de todos los humanos a los que no conoce personalmente: algunos están enfermos, ansiosos, solos; otros están destrozados por la marginación, el racismo, la opresión, el paro, la guerra; otros más mueren de hambre, de sed o a causa de una enfermedad. Por último, considera el sufrimiento de los demás seres, en particular de los animales. Compartimos el mundo con ellos y, en ocasiones, tenemos en común el miedo a que nos maten, la angustia que produce pasar hambre o estar preso, el temor a depender de quien nos roba la libertad.

¿Nos abre esta meditación el espíritu a otra cosa que no sea la constatación de una victoria general del sufrimiento?

Sí. Nos hace sentir, y no sólo constatar, un fenómeno universal. Y nos muestra que, cualesquiera que sean nuestras diferencias, con independencia de que uno sea blanco o negro, rico o pobre, instruido o ignorante, humano o animal, el sufrimiento nos une en una misma condición de Ser doloroso.

Es preciso prolongar esta meditación recurriendo a la idea de un sufrimiento omnipresente que ninguna estrategia material nos permite eludir. De donde hay que erradicarlo es de nuestro propio espíritu. De hecho, el origen del sufrimiento reside en nuestra visión errónea de la naturaleza de las cosas: consideramos tangibles fenómenos que no lo son. El antídoto consiste en comprender que la capacidad de restablecer la verdad se encuentra en nuestro espíritu. Debemos evaluar una y otra vez el mundo que nos rodea, conceder menos importancia a fenómenos ilusorios y transitorios...

¿Cómo puede actuar esta terapia mental en el caso, por ejemplo, de un occidental que padece cáncer y que está desgarrado por el sufrimiento?

Para responder a su pregunta, recordemos algunas nociones que deberían haber estado implícitas a lo largo de toda nuestra conversación. En primer lugar, la enseñanza de Buda sobre el sufrimiento está probada. Para expresarlo en su lenguaje, ¡esto funciona! Numerosos budistas del mundo entero lo saben, porque a veces han conseguido eliminar dolores que a ustedes les parecerían insoportables. Sin embargo, eso es el fruto de una larga andadura por la vía del Despertar, pues para acceder a la claridad del espíritu no basta con decirse que todo es contingente, que nada existe en realidad ni tiene importancia. Pero ¿por qué hay que quererlo todo enseguida y a toda costa? ¡La meditación no anestesiará a un enfermo de cáncer, por seguir con el ejemplo que usted ha puesto! ¡No es un sustituto de la morfina! No obstante, le resultará enormemente beneficiosa. ¿No es ya algo? El budismo no es un bloque compacto que debe tomarse o dejarse entero. Su práctica ilumina la vida de cada individuo a su medida y allí donde esté.

Por lo que se refiere al sufrimiento, considerar la meditación una píldora analgésica sería menoscabar la vía abierta por Buda. En Occidente es frecuente ese error. No lo cometamos. Con todo, relativizar el dolor es en sí una forma de hacer que disminuya. Y, como siempre, cuanto más avanzamos en el camino del Despertar, más erradicamos la idea de sufrimiento.

Así pues, el budismo propone a cada uno una mejora de su condición a través de la meditación, pero ese beneficio es proporcional al trecho que haya recorrido en el camino del Despertar.

Exacto. Aunque debe tener presente que avanzar tan sólo unos centímetros por ese largo camino puede producir beneficios inesperados.

Pero usted ha dicho que entre nosotros y el objetivo que nos marcamos pueden interponerse numerosas energías negativas: cólera, angustia, depresión...

Tomemos el ejemplo de la cólera. Este sentimiento es uno de los más nefastos. En él estalla el deseo momentáneo e irracional de hacer daño; queremos destruir un objeto, herir a una persona o, si dirigimos la cólera contra nosotros mismos, humillarnos con saña. La cólera que empieza con el nerviosismo fútil que nos inspira una persona torpe al romper un vaso puede llegar hasta el deseo de matar. No hay nada más alejado de las preciosas virtudes que son la paciencia, la tolerancia y la compasión.

La cólera es un huracán que deja a su paso un sinfín de sufrimientos. Aquellos a quienes hemos ofendido sufren, pero nosotros también sufrimos, pues una vez que hemos recobrado un estado de ánimo normal lamentamos el arrebato, nos sentimos culpables, fuera de control y ridículos. Esto puede perturbar de una forma duradera nuestro espíritu. La cólera agrava el sufrimiento que nos causan las dificultades, mientras que la paciencia lo atenúa.

Tomar conciencia de que nos dejamos llevar por la cólera resulta difícil. A menudo preferimos pensar, pese a la evidencia, que hemos tenido una reacción justificada, proporcionada, adecuada a la situación. En otros casos consideramos que la cólera es un sentimiento natural y liberador que debe expresarse y que no hay que reprimir. Pensamos que tener un acceso de cólera permite «cortar por lo sano».

Este modo de pensar es perverso. Disculpa por anticipado cualquier herida que inflijamos a los demás. Por lo demás, considerar lícito y apropiado el hecho de liberar brutalmente cualquier sentimiento de cólera, fundado o no, constituye una afirmación de la supremacía de los instintos, lo que conduce a una regresión en lugar de favorecer el avance hacia la paz.

¿No le parece que el principal peligro de la cólera es que no la controlamos y que sobreviene inconscientemente?

Sí, pero si conseguimos conocernos mejor, y la meditación nos permite tal cosa, podemos identificar fácilmente los signos precursores de nuestros accesos. En ese caso, debemos atrapar la cólera que aflora en nuestro espíritu a fin de agotar su energía en el «circuito interno».

¿Existe alguna técnica para lograr ese resultado?

Cuando sienta que la cólera lo invade, concentre su atención en su interior e intente descubrir en qué zona de su espíritu se sitúa. Si ha aprendido a hacer el vacío dentro de usted, llegará a *lhaktong*, el estado en que «nada se encuentra». Luego medite un breve instante en el pretexto de su cólera: ¿existe realmente de manera estable, duradera y concreta, o, por el contrario, parece el fragmento de un sueño al que ya no se concederá importancia al día siguiente y que costará recordar?

Luego póngase en el lugar de quien provoca su cólera. Analice la situación desde su punto de vista. ¿Quién es? ¿Cómo percibe su espíritu: tranquilo, desordenado, contradictorio, incontrolado, feliz, desesperado? Piense en las consecuencias que provocará su irritación en su espíritu: ¿lo hará más feliz, más eficaz, o por el contrario añadirá desorden al desorden, desdicha a la desdicha? Esta breve meditación desactivará su tendencia a estallar.

Sopese a continuación su sentimiento y el incidente que le sirve de pretexto. ¿Están los platillos equilibrados? Se percatará de que, en la mayoría de los casos, el objeto de la cólera apenas pesa en comparación con el terremoto interno al que usted querría abrir las compuertas de su espíritu.

Piense también que toda situación de cólera abre un proceso largo. Primero se produce el estallido; luego se instalan el malestar que usted siente por haber sobrestimado la situación y la angustia de aquel a quien ha herido. Avive entonces en usted y en él, de forma progresiva, la necesidad de aplacar y clarificar la relación. Esto puede llevar bastante tiempo, ya que las inhibiciones, las reacciones de defensa y la susceptibilidad que usted ha suscitado son enormes. Por fin llega el estadio de la pacificación. ¡Cuánto tiempo perdido por culpa de un espejismo! ¿Cómo se sentiría si la persona afectada muriera en el transcurso de ese proceso, antes de que usted haya podido anular los efectos de la cólera? ¿Puede afirmar razonablemente que es imposible que tal cosa suceda? Lleve la situación al límite. Piense de manera sistemática que su acceso podría producirse inmediatamente antes del fallecimiento del otro. ¿Seguiría teniendo la misma urgencia de desahogar su cólera con él?

¿Y si pensara que aquel que inspira y atiza su furia le brinda una oportunidad? Si usted no estalla, habrá buscado y en parte logrado cierto apaciguamiento, a falta, de momento, de la verdadera paz. ¿Por qué no imaginar que la situación de cólera es un ejercicio práctico, una manera de poner a prueba sus conocimientos? ¡Aproveche esta oportunidad de meditar acerca de sí mismo, de la solidez de su búsqueda, de las ocasiones de mejorar que le ofrecen los demás! De este modo transformará la energía negativa de la cólera en una energía positiva que lo conducirá a dos resultados: en primer lugar, tendrá una visión más ajustada y proporcionada de la situación que ha inspirado su cólera; en segundo lugar, se sentirá más cerca de los demás y más parecido a ellos, lo que constituye el inicio de la compasión.

Hay que repetirse estas palabras de Buda:

> Cualquiera que se encuentre en la situación de amonestar a otro previamente debe desarrollar en sí mismo cinco cualidades: «Hablaré en el momento adecuado, no en el momento inapropiado; hablaré conforme a la verdad y no a la mentira; hablaré con amabilidad y no con rudeza; hablaré en favor del otro y no en su perjuicio; hablaré con buena intención y no encolerizado.»

Pero, cuando uno es presa de la cólera, ¡sentarse a meditar es lo último en lo que se le ocurre pensar!

Por eso es por lo que recomiendo convertir la cólera en tema de meditación regular. Así se está preparado para atenuar sus efectos cuando se presenta. En el peor de los casos, como mínimo se podrá reprimir un estallido inmediato; se tendrá la capacidad de permanecer impasible hasta que el espíritu se apacigüe.

¿Qué se puede hacer frente a la depresión, que afecta a muchos occidentales?

La depresión se traduce en un estado de ánimo sombrío y desesperado. Lo arrastra todo hacia sí. Ya no se concibe el mundo más que en función de esa fuerza negativa que nos habita cuando estamos deprimidos.

Los astrofísicos describen lo que ellos llaman «agujeros negros» como objetos espaciales tan densos y compactos que atraen sin remedio todo cuanto se encuentra a su alcance: partículas, asteroides, etc. Su fuerza de atracción es tal que ninguna onda luminosa puede desprenderse de ellos.

Ese abismo en el que todo se pierde y del que nada irradia es, en efecto, el equivalente de la depresión. En el origen de los estados depresivos hay también un cuerpo negro que determina la evolución de la personalidad: la pérdida de un ser querido, un fracaso profesional dramático, un accidente, una enfermedad... La persona depresiva hace que todo gire a su alrededor y ensombrece sus experiencias. Vive exclusivamente en torno a su problema, exaltándolo y amplificándolo como una prueba de lo que le resta de existencia. Esta espiral descendente impide cualquier encuentro con los demás, cualquier posibilidad de compartir. La energía positiva que pudiera quedar en nuestro interior para reaccionar es vampirizada por la energía negativa que desarrollamos con la finalidad de convencernos de que nuestra historia es la más triste del mundo y de que nos hallamos en el centro de la desgracia absoluta.

El dolor que sentimos en tales circunstancias no puede ser barrido de un plumazo. Nuestro sufrimiento es incuestionable. Sin embargo, se basa en una visión sesgada y en ocasiones complaciente de nuestra dificultad para vivir. Hundirse todavía más no es una solución, aun cuando ello nos parezca una huida gracias a la cual alcanzaremos con delectación el olvido o la tibieza del embotamiento.

Para salir de ese estado es preciso recordar que el Yo no existe. Para ello, debemos iniciar una meditación y tratar de encontrar el Yo. ¿Cuál es su naturaleza? ¿Dónde está localizado? ¿Podemos tocarlo? ¿Forma parte del espíritu, del cuerpo, del corazón? Ese Yo deprimido ¿es permanente, sólido y estable? Todo cuanto constataremos durante la meditación es que el espíritu es una corriente de experiencias felices y desgraciadas, positivas y negativas. El espíritu es un lago que recorren olas efímeras y siempre diferentes. Llega un momento en que dichas olas se aplanan, se funden con el lago, es decir, con la naturaleza del espíritu. El hecho de que estemos deprimidos no tiene por qué significar que seamos definitivamente desdichados, pero cuando nos hallamos así alimentamos la idea de la desdicha definitiva. Esa idea, al igual que nuestras experiencias, no es más que una ola, una ondulación en la superficie de una extensión de agua que avanza durante unos instantes y desaparece como si nunca hubiera existido. No se trata de luchar contra la desdicha definitiva, sino contra esa idea, debería decir esa «ilusión», que nos hace creer en su existencia.

Acto seguido meditemos, tal como hemos aprendido, en el hecho de que vivimos una existencia humana privilegiada. Mejoremos la imagen que tenemos de nosotros mismos. Nuestra energía positiva es potente y abundante; no permitamos que se pierda. Nuestros potenciales son numerosísimos. Pese a la gravedad de nuestros problemas objetivos (aunque, ¿existe algo objetivo?), siempre es posible mejorar nuestra situación cambiando de estado de ánimo. Pensemos en todo aquello que hay de creativo, idealista y generoso en nosotros, y que la depresión impide que germine. ¿Hemos soñado alguna vez con un proyecto fantástico que habríamos podido llevar a cabo y al que un día renunciamos? ¿Y si no fuera demasiado tarde para rectificar? Valemos algo, pero es preciso redescubrir en qué consiste ese algo. Seamos osados. Digámonos que tal vez todavía estamos a la altura de nuestros sueños.

En el transcurso de la meditación, identifiquémonos con esa energía positiva cuya impetuosa fuente acabamos de reencontrar, fundámonos con ella...

¿Es absolutamente necesario meditar en completo silencio?

No; podemos asociar *mantras* a la meditación, es decir, fórmulas verbales que se utilizan bien como soporte del espíritu o bien por su valor intrínseco. Recitar los *mantras* permite conservar, mediante las virtudes de la enunciación y la repetición, la esencia sutil de las cosas y los seres. Muchas veces, la transmisión de los *mantras* constituye el núcleo de la relación entre maestro y discípulo.

¿Cómo funcionan los mantras*?*

En el tantrismo, por ejemplo, su vibración libera energías latentes. En ocasiones se trata simplemente de una sílaba, como el famoso *Om*, que se pronuncia «Ooommm...». Los sonidos que contiene esta sencilla sílaba reverberan en el espíritu y, así, contribuyen a su clarificación. Numerosos occidentales están familiarizados con estas nociones. Les gustan los *mantras*, aunque a menudo los confunden con fórmulas mágicas cuyo conocimiento supuestamente les permitirá ingresar en un círculo de iniciados.

Pero no son fórmulas mágicas, sino medios de despertar el espíritu o frases guía para alcanzar una mayor apertura espiritual.

Otros *mantras* se emplean por su contenido textual. En este caso, es la vibración de las ideas que encierran las palabras lo que produce, en uno u otro momento de la meditación, una sincronización entre la energía de aquéllas y la de la naturaleza del espíritu.

¿Es lo mismo un mantra *que un* sutra*?*

No, en absoluto. Los *sutras* son la forma que adoptó la palabra de Buda cuando hubo que perpetuarla. En aquella época, la comunidad se reunió y le pidió a Ananda, el compañero más fiel del Despierto, que recitara de memoria los discursos de éste. Por eso todos los *sutras* empiezan del mismo modo: «Así escuché...»

Los *sutras* introducen las enseñanzas de Buda.

5

LA COMPASIÓN
O EL DESARROLLO DEL AMOR

VIVIR MEJOR CON Y ENTRE LOS DEMÁS

Aparta todas las trabas. Deja que tu espíritu lleno de amor invada el primer cuarto del mundo, y también el segundo, y el tercero y el último. Y que, así, la totalidad del mundo, por encima, por debajo, alrededor y por doquier, completamente, sea irradiada por pensamientos llenos de amor, abundantes, sublimes, ilimitados, desprovistos de odio y de malevolencia.

BUDA, *Digha Nikaya*

OM MANI PADME HUNG.
«Una joya de compasión
en el loto de la sabiduría.»

La infinita paciencia de Bokar Rimpoché me impresiona. Estamos en una estancia reducida y bastante incómoda. Alguien ha llamado dos veces a la puerta, pero mi interlocutor no lo ha invitado a entrar. Creo que está tan concentrado en la conversación que no lo ha oído. La tercera vez, un hombre entreabre la puerta y asoma la cabeza, coronada por una pelambrera gris y desgreñada semejante a un halo.

El hombre en cuestión es el secretario de

Bokar Rimpoché. Habla tibetano e inglés. En la primera de estas dos lenguas, explica que ya hace un buen rato que la cena de Rimpoché está a punto. En la segunda, añade dirigiéndose a mí: «*I am sorry...*», a fin de que me haga cargo de la situación. Habría que poner fin a la conversación por hoy, pero Bokar Rimpoché hace un gesto para indicarle que no puede interrumpirla mientras yo no exprese deseos de hacerlo.

Esta atención absoluta hacia el otro la he observado también en la actitud de los monjes de Mirik. Parecen despreocupados, y sin duda en cierta medida realmente lo están. Sin embargo, en cuanto uno se dirige a ellos no hay nada más importante que su interlocutor, al menos en apariencia. Uno de ellos me ha explicado que mediante las relaciones con los demás es como se conquistan, en lo que se refiere a cada uno de nosotros, o se perfeccionan, en lo que se refiere a las realizaciones, los Cuatro Estados Sublimes: la bondad, la compasión, el hecho de encontrar la alegría propia en la de los demás y la ecuanimidad. Pero, cuidado: para que estas actitudes adquieran todo su valor es necesario que, a fuerza de enraizarse en el espíritu, se hayan convertido en una segunda naturaleza.

Esto me hace pensar en la inmensa bruma de soledad que envuelve nuestras sociedades. En algunas grandes ciudades occidentales, el visitante que se asoma de noche a la ventana de su habitación de hotel puede contemplar miles de luces en las fachadas de los edificios. Con frecuencia, una de cada dos luces atrae su atención hacia un hogar donde vive una persona sola. Frecuentemente, a juzgar por lo que se publica en la prensa, se encuentra en un apartamento el cadáver de un anciano que lleva varias semanas muerto sin que nadie, ni el vecindario ni su familia, se haya enterado. En los andenes del metro lloran todos los días personas junto a las que la multitud pasa evitando cruzar la mirada con la suya, anegada en lágrimas. La indiferencia reina por doquier. Creemos que nos inmuniza contra el contagio de la desdicha de los demás.

Por mi parte, me pregunto si el tesoro que buscamos sin saberlo está ahí: en esa sonrisa tan simple que nos convierte, aunque sólo sea en la mente de una sola persona, en la cosa más importante del momento.

Tal vez esa sonrisa sea, sin que lo sospechemos, la lección más hermosa que el budismo ofrece a Occidente...

En nuestra conversación aún no se ha pronunciado la palabra «amor». ¿Cuál es la acepción budista de este término?

El amor consiste en desear el bien de los demás seres. Pero en general, mientras no hayamos profundizado mediante la meditación en su verdadero alcance, reservamos este sentimiento para nuestros allegados. Desde luego, no rechazamos el principio del amor universal, admitido por religiones occidentales como el cristianismo, pero nos parece abstracto y más cercano a una idea de la moral que a una experiencia vivida. En ocasiones, incluso podemos encontrarlo paradójico: nada nos induce a amar de forma espontánea a la dependienta que nos atiende en un supermercado, ni a un ladrón, ni a un asesino de niños, ni a un racista, ni a un criminal. Sin embargo, si afirmamos que nuestra humanidad se revela a través de un amor universal, ¿podemos excluirlos?

El principio de humanidad, entendido como aquello que constituye la esencia del ser humano, les es ajeno, ¿verdad?

Sí, del mismo modo que el principio de «mesitud» para describir la naturaleza de una mesa, como ya comentamos. Aunque eso no impide que, por razones distintas de las que esgrimen las religiones occidentales, el budismo lleve muy lejos su exigencia de amor universal.

¿Cómo podemos vencer nuestras reacciones instintivas iniciales hacia los demás? Por ejemplo, la aversión, el cariño irracional o la indiferencia.

La meditación puede ayudarnos a conseguirlo. Durante la meditación sobre el sufrimiento ya intuimos el estrecho parentesco que une a todos los seres vivos enfrentados al dolor.

Ahora, imaginémonos sentados y visualicemos a nuestra madre a la derecha, a nuestro padre a la izquierda, y a todos nuestros familiares y amigos detrás de nosotros. Enfrente están todos aquellos a los que no queremos, a los que odiamos y que a veces nos han herido; y por todas partes, ocupando tanto espacio como nuestra mirada puede abarcar, el conjunto de los demás seres vivos. Imaginémonoslos a todos como humanos. En cuanto hayamos intuido su presencia junto a nosotros, estabilicemos nuestro espíritu en ese pensamiento. Pensemos que nos resultaría agradable amar a todas esas personas que tenemos enfrente o alrededor. En la medida en que intentan alejarse de su condición de Ser doloroso para encontrar un poco de paz y felicidad, se parecen a nosotros. También ellos son parientes nuestros.

Ahora, suscitemos un sentimiento de amor en nuestro corazón. Podemos hacerlo pensando en una persona a la que queremos sinceramente y dejando que ese amor invada el conjunto de nuestros pensamientos. Imaginemos a continuación ese sentimiento como una luz cálida y brillante, cuyo resplandor inmaterial inunda nuestro corazón y nuestro espíritu de energía positiva. Perdámonos en una intuición del amor que nos profesamos a nosotros mismos. Asegurémonos de que nos queremos tal como somos, con nuestros defectos y carencias, así como con nuestras virtudes y cualidades. Sintamos cómo se extiende la energía positiva desde el interior hasta la epidermis.

Liberemos ahora esa corriente. Dejemos que se expanda sobre los demás, sobre esos miles de millones de seres congregados junto a nosotros. Hagámoslo como si controláramos una irradiación que partiese en círculos concéntricos del lugar en el que nos hallamos, de forma similar a la ondulación producida por un guijarro al ser arrojado al agua. A los primeros que alcanza es a nuestros familiares y amigos. Pensemos sinceramente y con firmeza que queremos que vivan felices y en paz. Prosigamos la meditación dirigiendo la atención hacia nuestros adversarios, sentados frente a nosotros. Contemplémoslos como si necesitasen nuestro amor. Consideremos que lo merecen, independientemente de lo que sepamos de ellos. Deseemos que su espíritu se ilumine y que se liberen de sus tensiones, sus contradicciones, sus accesos de cólera y su egotismo.

Sigamos ampliando el círculo que abarca nuestra energía positiva. Abramos el corazón y contemplemos la marea de nuestro amor, que cubre a todos los seres en todas direcciones. Supongamos que están completamente solos, hambrientos, enfermos, trastornados, asustados, y que nuestro amor, con una caricia, los libera, les devuelve la paz y anula su sufrimiento. Concentrémonos en esos pensamientos positivos el mayor tiempo posible...

¿Cuál es la finalidad de esta meditación; sentir de verdad un amor universal?

Para alguien con mucha experiencia en la meditación, sí. Para un principiante, la finalidad es aproximarse, mediante la intuición, a la idea de que todos tenemos ese potencial de amor absoluto que nosotros llamamos compasión; comprender que nuestros accesos de cólera, nuestro egoísmo, nuestra impaciencia, nuestro apresuramiento a la hora de rechazar y juzgar a los demás no son sino obstáculos que nos impiden desarrollar esa energía positiva y universal cuyos efectos apaciguadores hemos experimentado mediante la meditación.

¿En qué se diferencia la compasión de la caridad?

La caridad es, ante todo, un fenómeno vinculado a la moral y la sensibilidad. Ustedes se sienten conmovidos por la miseria de los demás y su sentido ético les exige acudir en su ayuda. Por otro lado, la caridad se aplica a situaciones concretas, subjetivas y particulares. No es abstracta.

La compasión, en cambio, no depende en absoluto de la sensibilidad. No consiste en conmoverse por las desgracias propias o ajenas, sino que deriva del sentimiento de pertenecer al mundo en su conjunto. Es, pues, difusa, objetiva y universal.

Lo que usted evoca es un sentimiento frío e inmaterial...

¡Lo que yo evoco ni siquiera es un sentimiento! Para el budismo, la compasión es una noción puramente fáctica. Nosotros consideramos que nuestras vidas anteriores nos han permitido experimentar el sufrimiento de otros seres. Si en la actualidad disfrutamos de unas condiciones de vida más favorables que entonces, no debemos olvidar que el parentesco que nos une a ellos es absolutamente universal, en el dolor y la angustia de la encarnación. Por lo demás, cuando intentamos realizar la verdadera naturaleza de nuestro espíritu y descendemos por él mediante la meditación, comprendemos que todos los seres comparten la misma condición. Somos semejantes a ellos.

¿Se parece la compasión a la simpatía en el sentido en que la entendían los griegos, es decir, «sentir con»?

Exacto. Yo padezco el sufrimiento de los demás. Englobo su sufrimiento en el mío.

¿Qué es lo que origina la compasión?

Preferiría decirle primero qué no lo hace. La verdadera compasión no procede de nuestras reacciones ante acontecimientos externos.

Por ejemplo: las víctimas de una guerra, un niño que muere a causa de una terrible enfermedad sin que nadie pueda ayudarlo, una anciana que grita de dolor bajo una casa derruida de la que resulta imposible sacarla; todos estos seres le inspirarán una oleada de amor, y eso está bien. Porque, efectivamente, la compasión auténtica no debe aplicarse sólo a aquellas personas a las que se conoce, sean miembros de la familia, vecinos o amigos, sino también a aquellos seres a los que no se está unido por ningún lazo de naturaleza afectiva.

Pero, si reflexiona un poco, se percatará de que en estos tres ejemplos la televisión y las fotos de los periódicos le han acercado enormemente, en cuestión de instantes, al niño, la anciana o las víctimas del conflicto. Es como si de repente se hubieran convertido en íntimos allegados de usted. Y ¿qué ocurre con esos miles de niños que sufren, con esos innumerables ancianos desamparados, con esas cohortes de personas afectadas por el éxodo y las bombas que no le muestra ninguna foto? Usted no piensa para nada en ellos y se dice: «¡Ni siquiera los conozco!» Eso no es, en definitiva, compasión.

Si se enterase de que miles de criminales repartidos por todo el mundo sufren un martirio, sin lugar a dudas no se sentiría conmovido. Eso tampoco es compasión, pues se trata de algo que en realidad nos induce a disociar amor universal y juicio moral. La compasión se ejerce sin excepciones, la extensión geográfica que abarca no posee lagunas. Por esta razón el budismo considera que nuestro peor enemigo, aquel que nos detesta y nos hace sufrir más, es también nuestro mejor guía espiritual, ya que nos obliga a ampliar cada vez más la compasión.

¿No bastaría, a falta de otra cosa, con que fingiéramos amar a nuestros enemigos y adversarios para que el mundo fuese mejor?

Sí, desde luego, pero ¿qué beneficio espiritual personal obtendría uno? ¿Habría avanzado su espíritu hacia la comprensión? Es evidente que no. El amor debe ser sincero, activo y, lo añado para que no se me interprete mal, desinteresado. «Fingir» o simplemente permanecer indiferente no es compasión.

Así pues, compasión es acción, no reacción. Una reacción nos atrinchera en la constatación de las desgracias ajenas y, una vez realizada esta constatación, en el llanto, en la indignación provisional y por último, tras haber dado una limosna cuando ello es posible, en lo que ustedes llaman «buena conciencia». Una acción nos conduce a una vigilancia permanente y al deseo de que disminuyan los sufrimientos de todos los seres.

Y ahora vuelvo al punto de partida: el origen de la compasión es nuestra capacidad para ver a los demás como a nosotros mismos.

Eso coincide con el principal precepto judeocristiano: «Amarás al prójimo como a ti mismo.»

No exactamente. En primer lugar, la compasión budista no establece una relación entre el amor que se siente por uno mismo y el que se ofrece a los demás. Basta con recordar nuestras palabras relativas a la vacuidad de la «Persona», del «Yo» y, por lo tanto, del «Sí mismo». La compasión es un amor sin puntos de referencia ni de comparación; no dispone de un instrumento patrón.

En segundo lugar, la compasión no se basa en la idea de que hay que amar al otro porque, al igual que nosotros, es semejante a un dios creador que lo ha hecho a su imagen. En la caridad cristiana, por lo que tengo entendido, la parte de Dios presente en cada persona es lo que se supone que uno debe amar del otro. En el budismo no hay nada similar.

Desde el momento en que la compasión supone simpatía, es decir, el hecho de «sentir juntos», ¿puede estar presente en el amor de los enamorados?

El amor al que usted se refiere, al igual que el deseo sexual, quiere algo que poseer. Pone de relieve ataduras de las que la meditación nos libera. Una vez adquirida la posesión, el deseo se extingue. No hay nada más ilusorio ni más fugaz. La compasión no es del mismo orden.

¿Y en la idea de compartir? Me refiero a compartir de verdad, no a las limosnas o donativos.

Desde el momento en que la compasión proporciona alegría a quien la pone en práctica, y que esa alegría procede del otro, ya es una manera de compartir. Sin embargo, en la idea de compartir se introduce la de atadura. No se puede compartir sin que se dé una posesión inicial. Es preciso generalizar ese compartir, llevarlo hasta la donación. Eso es lo que nos enseña la parábola de la balsa. Un día, Buda dijo a sus discípulos:

> Monjes, he aquí un hombre que debe atravesar una gran extensión de agua. Detrás de él hay grandes peligros y temores. En la otra orilla, la paz y la seguridad. No hay puente ni embarcación que permita pasar de un lado al otro. Con este fin, el hombre construye una balsa y realiza su viaje sin obstáculos. Llegado a su destino, piensa: «Esta balsa ha sido muy útil y podrá serlo de nuevo.» ¿No debería cargársela al hombro y llevársela? ¿Qué opináis vosotros, monjes? ¿Qué debe hacer ese hombre con la balsa? ¿Llevársela? No. Debe dejar la balsa en el agua. La balsa no está hecha para ser poseída, sino para atravesar.

Lo primero que debemos compartir es el *dharma*, es decir, en este caso, la Enseñanza.

¿No es la compasión lo que queda cuando fracasa la meditación? ¿Cómo puede obrar, por ejemplo, en disminuidos mentales que sufren,

pero a los que no se puede hacer comprender el alcance de la meditación budista?

Nosotros creemos que desarrollando una actitud de amor y de compasión hacia todos los seres se crea una energía que puede englobar su dolor. Deseamos que su sufrimiento sea atraído por el nuestro y quede adherido a él. Pensamos que, de este modo, se puede producir un intercambio de energía que arranque a su dolor una parte de su necesidad y de su realidad ilusorias. Asimismo creemos que podemos ofrecer nuestra dicha a los demás como en un intercambio.

A este respecto, existe una forma de meditación que llamamos «donar y hacerse cargo».

Si quiere practicarla, visualice, al tiempo que respira lentamente, una luz negra. Dígase que esa luz contiene los sufrimientos, las desdichas y los miedos de todos los demás seres. Piense que va a absorber toda esa negrura inspirando y que, con su consentimiento, su inhalación cargará con un terrible peso de angustia. Inspire. Piense ahora que ese peso penetra en usted, fluye y se disuelve. Note cómo la inhalación disemina por su cuerpo la luz negra hasta que ésta desaparece.

A continuación visualice una luz blanca portadora de los méritos, la dicha y los elementos positivos de su espíritu. Dígase que, exhalándola, va a extenderla sobre los demás del mismo modo en que se forma una nube que descarga lluvia y empapa un mundo sediento. Piense que entonces todos los seres se vuelven hacia el cielo para recibir mejor la felicidad que su respiración les ha ofrecido...

¿No esperan ustedes nada a cambio de la compasión que ofrecen?

No, pero la mejor prueba de la universalidad de la compasión y de su efecto retrocesivo es que la que yo siento por los demás me beneficia a mí.

Por lo que me ha explicado, entiendo que la compasión es uno de los pilares del budismo. Sin embargo, Alexandra David-Neel, una de las primeras occidentales que comprendió la cultura budista «del interior», afirma que en ocasiones se han derivado de ella exageraciones absurdas. También dice que la noción de compasión impregna la cultura de los pueblos indio y tibetano hasta tal punto que a veces falsea su sentido moral... Para apoyar sus afirmaciones, cuenta esta historia:

«Un joven príncipe llamado Vesantara había hecho votos de practicar la compasión absoluta donando todo aquello que pudiera hacer que disminuyese el sufrimiento de los demás. Como era regente del reino de su padre, vació las arcas y regaló a un príncipe enemigo los elefantes de batalla de su ejército. El adversario atacó entonces el país del héroe excesivamente generoso, lo saqueó y aniquiló a sus habitantes.»

Y Alexandra David-Neel precisa: «Cuando nos enteramos de que a ese desdichado santo se le castiga por sus actos con el destierro, aplaudimos la justa sentencia. Pero no reaccionan igual los oyentes asiáticos de esta historia, para quienes el príncipe es una víctima conmovedora y admirable.»

La historia no acaba aquí. El príncipe Vesantara es exiliado y se encuentra en el bosque con su mujer y sus dos hijos. Un anciano monje pasa por allí. No le quedan fuerzas, ya no puede subvenir a sus propias necesidades; le harían falta dos esclavos. Dichoso por la posibilidad de hacer un sacrificio tan hermoso, el príncipe le ofrece a sus propios hijos. Más tarde, en circunstancias similares, donará a su mujer. Por último, a un ciego que reclama unos ojos, le hará ofrenda de los suyos.

Alexandra David-Neel prosigue: «En varias ocasiones he intentado en vano demostrar el carácter inmoral de esta historia a orientales que alimentaban de ella su extraña piedad [...]. El budismo adopta así un aspecto inesperado. Si Vesantara y sus semejantes practican la donación [...] es con la esperanza de que esa disciplina los lleve a convertirse en budas capaces de mostrar a los seres la vía que conduce a la liberación.»

El único interés que presenta esa historia es el de demostrar que concedemos a la compasión tal importancia que a lo largo de los siglos han surgido en torno a ella leyendas que ilustran comportamientos absurdos. ¡Evidentemente, la verdadera compasión no se puede practicar para con unos mediante el sufrimiento infligido deliberadamente a otros!

En ese caso, tal vez prefiera este otro relato dedicado a la limosna y citado por la misma autora. En esta ocasión se trata de una liebre. Hay luna llena, o sea, que es una fecha piadosa en la tradición popular budista. Según nos explica Alexandra David-Neel, la liebre se dice: «En un día como hoy es conveniente dar limosna, pero, si alguien se presenta ante mí, ¿qué podré darle? No tengo ni habas, ni arroz, ni mantequilla, pues sólo como hierba; no se puede dar hierba. Pero sé lo que haré: ¡me daré a mí misma como limosna!»

Un dios quiere poner a prueba a la liebre y envía a un brahmán. El animal le dice: «Haces bien, oh brahmán, en venir a pedirme alimento. Yo te ofreceré algo que jamás ha sido ofrecido. Tú llevas una vida pura y no querrías hacer daño a un ser vivo; pero recoge leña y enciende una gran fogata, pues quiero asarme yo misma para que puedas comerme.»

El brahmán acepta la proposición. Prepara una gran fogata y se sienta. «Dando un salto, la liebre se coloca en medio de las llamas. Pelo y piel, carne y nervios, huesos y corazón, su cuerpo entero, todo lo había dado», concluye el relato.

Siguiendo con las historias, deje que le cuente yo una, también legendaria, pero que a mi entender refleja mejor las cualidades de quien se entrega a la compasión.

Un día, en un país arruinado, nació un rey llamado Fuerza de Amor, que no era otro que el futuro Buda en una de sus existencias anteriores. Su poder de compasión era tan extraordinario que eliminó de golpe todos los problemas del reino. Cinco espíritus demoníacos fueron a ver a Fuerza de Amor para quejarse. «Estamos condenados a alimentarnos de carne y sangre, y el poder de vuestra compasión ha abolido todo lo que es dolor para los seres. Perecemos lentamente y no tardaremos en morir. ¿Por qué vuestra compasión no engloba nuestro sufrimiento?», expusieron en esencia. Entonces el rey se abrió las venas y les ofreció su propia sangre para que se la bebieran. «A fin de que vuestra sed sea hoy saciada, os doy mi sangre; pero cuando haya alcanzado el Despertar, sed los primeros a los que pueda colmar ofreciéndoles la savia del *dharma*», les dijo. Mucho más adelante, los cinco espíritus demoníacos se convirtieron en los cinco compañeros de Buda y fueron los primeros en alcanzar el estado de *arhant*, que determina la santidad. Quien accede a semejante espíritu de amor, ese espíritu que neutraliza el mal y conduce a las cualidades de nobleza y belleza más elevadas, goza de lo que yo llamo un «corazón

* La expresión «corazón bueno» empleada aquí en lugar de «buen corazón», cuyas connotaciones son distintas, es una formulación ideada por François Jacquemart (Tcheuky Sèngué).

bueno»*. Ese corazón bueno es lo que suscita en él cuatro virtudes: el deseo de la felicidad de todos, el deseo de ver desaparecer el sufrimiento de todos, la alegría de considerar esas posibilidades, la voluntad de ser el amigo universal.

Si le parece bien, volvamos de nuevo a la cuestión de la alegría y la dicha que proporciona la compasión.

Quien realiza lo que le dicta su corazón bueno no recibe en su vida presente otra retribución que la alegría. Por supuesto, desde el punto de vista del *karma*, haciendo el bien mejora las perspectivas de sus vidas futuras; pero no existe una compensación inmediata. Por eso la compasión adopta un aspecto moral tan elevado. Sólo puede ser absolutamente desinteresada. Usted me pregunta por qué produce alegría. Nadie lo sabe realmente. Tal vez nos conduzca a un punto de nuestro itinerario desde el que podemos presentir la realización del espíritu.

De cualquier forma, la compasión es sin duda alguna la mejor fuente de alegría que se pueda encontrar, y es enorme.

Hay una idea muy extendida en Occidente, según la cual en nosotros reside una agresividad fundamental que forma parte de nuestro equilibrio. Basándose en ella, algunos empresarios ven a sus competidores como enemigos; algunos altos ejecutivos se sienten impulsados a considerarse «criminales»; algunos deportistas explican que para ganar es preciso «sentir odio».

La agresividad habita en nosotros al igual que en el animal privado de cualquier posibilidad de escapar a la ignorancia. No se puede negar este hecho. Pero lo que resulta desolador es el culto que se profesa en Occidente a esa agresividad. Seguramente ustedes suponen que dicho culto es necesario para poder sentirse más fuertes. Sin embargo, verse reducido a semejantes recursos extremos me parece una dramática confesión de debilidad y desconcierto.

Que la agresividad es algo natural, nadie lo discute. Incluso resulta fácil admitir que nuestro potencial de odio y arrogancia es enorme. No perdamos tiempo comentando esos experimentos que consisten en encerrar a una cantidad desmesurada de ratas en una jaula para demostrar que se devorarán unas a otras. El vicio del discurso consiste en deducir de todo ello la idea de que lo que es natural es bueno. El odio, la ira (de la que ya hemos hablado), el deseo de matar, los instintos más bajos, ¿se supone que son buenos porque son naturales? Ahí se ven perfectamente los límites de ese debate absurdo. Esas cosas hay que combatirlas desde el interior precisamente porque son naturales. Sumérjase en su interior y explore su espíritu como si fuese una fosa submarina: durante el descenso encontrará agresividad; pero más allá lo que encontrará es paz.

Esta búsqueda es tanto más indispensable

cuanto que la agresividad, el odio y la arrogancia son sufrimientos que nos infligimos y que hacemos padecer a quienes nos rodean. La agresividad nos excita, nos hace perder la atención que debemos a nuestros allegados; nos tortura, nos impide dormir, nos pone enfermos. Los demás la perciben de manera que los hace estar a su vez incómodos, alterados. Así se abre camino, mediante rebotes sucesivos. En cambio, un ser compasivo extiende a su alrededor, como una irradiación, los efectos de su corazón bueno. Los demás perciben lo positivo que hay en su energía y pueden a su vez abrirse a nosotros en un clima de confianza y bienestar.

Es muy importante comprender el carácter «contaminante» de estos fenómenos.

¿Ningún budista ha matado nunca, o se ha mostrado agresivo y cruel?

Claro que sí. Lo contrario es lo que me parecería poco probable. Eso no demuestra ni significa nada, excepto que se puede ir al encuentro de lo que uno halla en su espíritu. Nuestra compasión debe extenderse también a los budistas asesinos, pues su sufrimiento es inmenso.

Otra cosa que se dice es que el sufrimiento constituye un potente motor para la creación artística. Muchos de nuestros grandes músicos eran neuróticos e incluso psicóticos. Beethoven estaba sordo y se sumía en la desesperación. Los colores y las formas de un pintor como Francis Bacon estallan en la tela como gritos de dolor. Algunos escritores han creado obras maestras relatando sus enfermedades.

Quizá lo sea. Una de las particularidades del sufrimiento es que, si no se lucha contra él, invade el espíritu. Pero eso no quiere decir que el arte no pueda descubrir también su propia sustancia en otro material, esencial y más duradero, que es la alegría.

6

RENACER

LA MUERTE:
UN PASAPORTE PARA LA VIDA

Una de sus máximas principales es que las almas no mueren, sino que cuando se produce la muerte pasan de un cuerpo a otro, cosa que creen muy útil para alentar la virtud y fomentar el desprecio a la muerte.

JULIO CÉSAR (a propósito de los celtas), *De Bello Gallico*, VI, 14-15

Sentado en su trono en la postura del semiloto, el niño sagrado espera a sus visitantes. Su Eminencia Yangsi Kalu Rimpoché, de cuatro años, viste una toga de seda naranja. Lleva un alto tocado de brocado que cae sobre sus hombros a ambos lados de la cabeza. La luz tamizada danza sobre los hilos de oro de los bordados y el semblante del niño se ilumina con destellos fugaces. De forma similar, sus ojos brillan y se apagan alternativamente, enviando unas veces la imagen de un chiquillo desarmado y otras la de un infante radiante.

Los rasgos de su rostro son enormemente regulares: una hermosa frente despejada, unas cejas más bien altas, unos ojos muy estirados hacia las sienes, como dos almendras negras, y una boca pequeña de querubín. Su tez dorada hace parecer pálida, por contraste, la de Bokar Rimpoché, que permanece junto a él en un trono más bajo.

Cuando los visitantes empiezan a entrar —la gente piadosa de la región y algunos extranjeros—, el niño los mira mientras pasa maquinalmente las páginas de un libro de oraciones tibetano, un *pecha*. Los *pechas* están formados por hojas apaisadas y estrechas, en ocasiones cosidas con hilos de seda o simplemente envueltas en una tela. Los delgados dedos de Yangsi Kalu Rimpoché apenas las rozan, y las hojas parecen bascular una sobre otra precediendo su gesto.

Hay un retrato de Kalu Rimpoché —el anterior, ya fallecido— colgado de la pared, y mi mirada no puede evitar ir de uno a otro: del anciano arrugado, desdentado y descarnado al niño sublime, y a la inversa. No veo que tengan nada en común, salvo ese fulgor divino que se aprecia, idéntico, en la fealdad del primero y en la belleza del segundo.

Uno tras otro, los visitantes se presentan ante el niño, a quien hacen la ofrenda del *kata*. Luego se inclinan, y el pequeño Kalu Rimpoché les roza la cabeza. Hace esto, que supongo que es un signo de bendición, a veces con un aire concentrado y a veces con distanciamiento. Durante ese alejamiento temporal, que apenas dura unas fracciones de segundo y en el que aparte de mí nadie parece reparar, tengo la impresión de pillarlo en un vuelo fugaz. Y en esos momentos es cuando me parece reconocer en los dos Kalu Rimpoché una expresión común, como una mirada que envolviera todo el mundo. Sin lugar a dudas soy el único de los presentes que realiza estos ejercicios de comparación. Todas estas personas ni siquiera se plantean la cuestión. Para ellas, un espíritu se ha alojado en otro cuerpo y eso es todo.

Es preciso pertenecer a la cultura budista oriental para no exponerse, en nuestro entorno, a miradas irónicas cuando uno proclama su creencia en la reencarnación... No hace mucho expliqué* que en numerosas corrientes de pensamiento —hinduismo, budismo, sufismo y otras muchas— existía esta convicción, desacreditada en Occidente. Recordé que Pitágoras, Lao-tse, Platón, Goethe, Schopenhauer, Flaubert y Thoreau habían manifestado su adhesión a ella. Con todo, el oprobio en el que la Iglesia cristiana sumió la idea de la reencarnación todavía perdura.

Sin embargo, los cristianos, y en particular los católicos, vivieron los orígenes de su religión en un mundo impregnado de la idea de reencarnación. Grandes teólogos, como Orígenes, defendían su validez, y reinó cierta ambigüedad hasta el concilio ecuménico de Constantinopla, en el año 553, en el que se prohibió, en circunstancias turbias, la doctrina del renacimiento de las almas. Para la Iglesia institucional la reencarnación era contraria a esta ecuación: un cuerpo

* *Trajectoire. D'une vie à l'autre*, Michel Lafon, 1991.

individual, un alma individual. Un famoso teólogo norteamericano, Thomas J. Motherway, afirmó en el año 1956: «La reencarnación se opone a lo que la enseñanza católica considera la finalidad de esta vida, entendida como una prueba previa para una vida definitiva e inalterable de recompensa o castigo, que comienza inmediatamente después de la muerte.»

¡Prueba, recompensa, castigo, definitivo, inalterable, inmediato, muerte! Estas palabras hablan con elocuencia de una Iglesia aferrada a lo largo de los siglos a su vocabulario dogmático. Nos encontramos en el lado opuesto al del budismo. Estoy impaciente por confrontar a tanta rigidez el discurso de Bokar Rimpoché.

Otras preguntas, además, acuden a mi mente... ¿No confundimos muchas veces la reencarnación con una máquina del tiempo, cuando mi interlocutor ya ha tenido ocasión de presentármela como el medio por el que el sufrimiento se perpetúa, de una existencia dolorosa a otra? ¿No vemos magia allí donde hay gravedad? ¿No estamos demasiado impacientes por compensar la pobreza de nuestra vida presente con la riqueza supuesta de nuestras vidas anteriores, cuyo delirante relato nos ofrecen, previo pago, laboratorios que cada vez proliferan más? ¿No utilizamos esa creencia para soñar con existencias futuras más gloriosas? Fascinados hasta tal punto por la reencarnación, ¿no olvidamos que antes de renacer los budistas también deben morir, y que esa muerte, tanto para ellos como para nosotros, es un arte que hace falta cultivar?

Y finalmente, ante la última prueba, ¿de qué sirve en realidad haber meditado? ¿Acude la serenidad a la cita que nos fija nuestro *karma*?

La procesión de los peregrinos ha terminado. Como la primera vez, han conducido al pequeño Kalu Rimpoché hacia la salida. Mi conversación con Bokar Rimpoché se reanuda.

¿Cuál es la visión tibetana de la muerte?

Recordemos en primer lugar que, para los budistas, la muerte no es más que un tránsito. Los actos positivos realizados a lo largo de nuestra vida nos permitirán gozar de un *karma* favorable. Los actos negativos inducirán un *karma* negativo. Renaceremos bajo una forma determinada por esta ley de causa y efecto. Por eso la muerte no es un final; más bien parece un cambio de ropajes.

Hablemos primero de la muerte física...

En la tradición budista tibetana, nuestro cuerpo físico está constituido por cuatro elementos:

— todas las materias sólidas (huesos, músculos, tendones), que emparentamos con la tierra;

— las materias fluidas, como la sangre, la linfa y la bilis, que relacionamos con el agua;

— el calor del cuerpo, su temperatura, que vinculamos al fuego;

— la respiración, que asimilamos al aire.

Fuego, aire, tierra, agua: todos los elementos se reúnen, pues, para formar el cuerpo. Cuando morimos, se absorben unos a otros según un orden preciso; su energía propia queda abolida al fundirse con la energía del elemento siguiente.

La tierra se disuelve en el agua. En otras palabras, nuestra naturaleza sólida se licúa; ya no podemos movernos, las piernas se niegan a sostenernos, los brazos dejan de responder a nuestra voluntad. Nuestra conciencia es invadida por espejismos. El fuego evapora el agua. Las mucosas, las vías respiratorias y las digestivas se secan, nuestra lengua arde, nuestros fluidos se agotan. Nuestra conciencia percibe vapores fugaces. El fuego se dispersa en el aire. El calor abandona el cuerpo empezando por las extremidades, que son lo primero en enfriarse, hasta llegar al centro del organismo. Vemos chispas que invaden nuestro espíritu. El aire es absorbido por la conciencia, lo que significa que cesa la respiración, y ante aquélla aparecen como llamas de vela.

¿Están todos los tibetanos familiarizados con estos fenómenos?

Sí, porque si los comprendemos bien, no nos sorprenderán ni nos asustarán las transmutaciones experimentadas en el momento de morir... Después del proceso del que acabamos de hablar empieza lo que llamamos los tres caminos.

En ese estadio intervendrán algunos de nuestros *tiglés*.

Empleamos tiglés *como elementos de visualización para meditar. ¿Se trata del mismo fenómeno?*

No exactamente. Al principio de la conversación hablamos de las energías sutiles que unen el cuerpo al espíritu. Recuerde que en la meditación adoptamos una postura concreta precisamente para que esos hálitos energéticos puedan circular bien. Estas energías sutiles se concentran en determinados lugares de nuestro cuerpo en forma de *tiglés*, que se pueden representar como esferas de energía pura. Cada uno de nosotros, hombre o mujer, posee un *tiglé* blanco y un *tiglé* rojo. El *tiglé* blanco es el soporte de las energías sexuales masculinas, y el rojo, el de las energías sexuales femeninas.

El primero de los tres caminos es el «camino blanco». El *tiglé* blanco, principio masculino situado en la cabeza, desciende hacia el corazón. La conciencia es irradiada mentalmente con una luz blanca.

Luego el *tiglé* rojo, principio femenino situado en la base de la columna vertebral, asciende hacia el corazón recorriendo el «camino rojo». Entonces la conciencia se ilumina de rojo.

Los dos principios se unen, confundiéndose uno con otro. Es el «camino negro», al final del cual el espíritu experimenta la vacuidad y la extinción de toda luz.

Los budistas también creen que cuatro diosas rigen los cuatro elementos del cuerpo: Budhalocana, la tierra; Mamaki, el agua; Pandaravasini, el fuego; y Samayatara, el aire. En el momento en que los elementos se absorben unos a otros, quienes se expresan son estas diosas.

¿No contradicen estas nociones la idea de que todo fenómeno que experimentan nuestros sentidos es ilusorio?

Nosotros utilizamos la palabra «diosa» por comodidad. En realidad, se trata de principios puros vinculados a la naturaleza del espíritu.

Los científicos occidentales han mantenido, y siguen manteniendo, largos debates sobre el momento preciso de la muerte. Se ha pasado sucesivamente de la cesación de las funciones respiratorias a la de las funciones cardíacas y la de las funciones cerebrales. ¿Tienen una «datación» similar los budistas?

Tal como acabamos de ver, la muerte es un fenómeno progresivo. Es un momento delimitado por un principio y un fin; lo que nosotros llamamos un *bardo*. Para responder con más exactitud, yo diría que el *bardo* de la muerte empieza cuando se extingue la respiración interior, con un sonido gutural seguido de una última inspiración o espiración; y acaba en el momento del camino negro, cuando el *tiglé* blanco y el *tiglé* rojo se unen en el corazón. En ese instante es cuando cesa el hálito interior y el espíritu se sume en la inconsciencia. Si la muerte ha sido brutal o a causa de un accidente, el conjunto del proceso se vive de forma acelerada.

¿Cómo se sabe que los tiglés *se han unido y que el hálito interior se detiene?*

No es posible observarlo con precisión. Se cree que la ausencia de movimientos o de vibraciones en la carótida es el signo que lo indica. En general, transcurren cinco o seis minutos entre el cese de la respiración pulmonar y el del hálito interior. En los ritos tibetanos no se toca el cuerpo durante tres días a partir de ese momento.

¿Por qué?

Porque la conciencia va a abandonar el cuerpo y, según la tradición, sale por el lugar donde se haya tocado este último. En consecuencia, es preferible evitar toda clase de contacto, ya que algunas «puertas de salida» del cuerpo pueden conducir el espíritu hacia existencias inferiores, en la vida futura. ¡En cualquier caso, eso dicen!

¿Qué actitud deben adoptar quienes asisten a los últimos momentos de un moribundo?

Se trata de reglas de sentido común. Gritar de dolor y llorar desconsoladamente no sirve de nada. El que va a morir no obtiene de ello ningún beneficio. Al contrario, eso contribuye a que sienta que su muerte causa sufrimiento a los demás. La tristeza no es sino la manifestación del apego de los allegados, y puede reavivar el del moribundo hacia éstos cuando, por el contrario, habría que ayudarlo a liberarse de él. La indiferencia, como es natural, tendría unos efectos igualmente perturbadores y crueles. Lo único que le puede resultar beneficioso es un inmenso amor expresado con sosiego y serenidad. Es preciso que el dolor que sienten los allegados se transmute en compasión, única vía positiva en tal circunstancia.

Otra conducta que se debe observar consiste en ayudar al moribundo a posar el espíritu en su propia luz, tal como hacemos cuando meditamos. Si la persona puede morir en plena meditación, sin pensamientos parásitos y con el espíritu claro, esto le resulta muy beneficioso, apaciguador; para ello, hay que hablarle, guiarla hacia la quietud.

¿Esto es así incluso en el caso de los grandes lamas?

Sí. Algunas de las circunstancias que preceden a la muerte, como la enfermedad, el decaimiento, la senectud, pueden perturbar el espíritu e impedir que se pose sobre sí mismo. Durante el fallecimiento de los grandes lamas, les leemos textos pensados para este uso, como el *Bardo Theudreul* o el *Libro de los Muertos* tibetano. A esto lo llamamos la «liberación mediante la escucha». Aparte de esto, la oración tiene, evidentemente, una importancia primordial debido a la energía de compasión que desprende.

Tcheuky Sèngué, uno de sus principales traductores, en las anotaciones de un texto que ustedes han dedicado a la muerte cuenta la siguiente historia:

«Una joven que padecía cáncer leyó algunas obras sobre el budismo que despertaron en ella un gran interés.

»A través de diversos intermediarios, acabó por conocer a una persona budista de su ciudad. Poco después, Bokar Rimpoché se encontró de paso en esa ciudad. La amiga budista [...] pidió a Bokar Rimpoché que fuese a visitar a la joven.

»Ésta, que no podía levantarse, lo recibió tendida en la cama, en el centro de una reducida habitación [...]. Con tanta amabilidad como sencillez espontánea, Bokar Rimpoché le explicó algunas cosas sobre el budismo, le dirigió palabras reconfortantes, le acarició el rostro con la misma solicitud que una madre a su hijo. Sus palabras y su actitud no transmitían ni inquietud, ni tristeza, ni pesar, sino únicamente amor, un amor claro, vasto y libre como el cielo.

»A continuación se sentó en una silla a los pies de la cama, frente a la enferma, y miró a ésta durante varios minutos sin hablar. Su mirada estaba llena de una infinita bondad y de una inmensa ternura que invadieron la estancia. De los ojos de la enferma brotaron lágrimas en silencio. Su corazón estaba en paz, no albergaba temor, se encontraba lleno del amor que acababa de serle dado...»

¿Somos todos capaces de dar el mismo amor, de producir tanta compasión?

Sí, sin duda alguna. Ese amor y esa compasión están en nosotros. Debemos redescubrirlos...

¿Qué sucede después de la muerte?

Después del *bardo* de la muerte viene otro momento que durará hasta la aparición de las divinidades. Lo llamamos *bardo* de la naturaleza en sí. Una vez transcurridos los tres días en que la conciencia se pierde, los budas de las cinco sabidurías, que siempre han estado presentes en nuestro espíritu, se manifiestan uno tras otro: el buda Vairocana, el buda Vajrasattva, el buda Ratnasambhava, el buda Amitabha y el buda Amoghasiddhi. Todos ellos adoptan la forma de luces deslumbradoras, pero cada uno de un color diferente. De forma simultánea, una luz más tenue nos permite acceder a los seis mundos. Al mismo tiempo que los cinco budas primordiales, aparecerán, efectivamente, el resplandor blanco del mundo divino, el resplandor negro del mundo infernal, el resplandor azul del mundo humano, el resplandor amarillo del mundo de los espíritus ávidos, el resplandor rojo del mundo de los animales y el resplandor del mundo de los semidioses, es decir, los diversos mundos donde somos susceptibles de renacer en nuestra futura encarnación. Por último se presentan los cinco budas reunidos. Luego vendrán cuarenta y dos divinidades apacibles y cincuenta y ocho divinidades encolerizadas.

¿Quiénes son esas divinidades?

En la tradición budista, localizamos cuarenta y dos divinidades apacibles en el cuerpo y cincuenta y ocho divinidades irritadas en el cerebro. Como el resto, son fenómenos segregados por el espíritu; lo que no impide que se nos aparezcan como si fuesen reales y localizables.

¿Cuánto tiempo duran el bardo *de la muerte y el* bardo *de la naturaleza en sí?*

Unas tres semanas. Después del *bardo* de la muerte y el *bardo* de la naturaleza en sí, viene el *bardo* del devenir. La persona fallecida, que entonces está dotada de un «cuerpo mental» inmaterial, comprende que está muerta. Como ese cuerpo mental puede desplazarse por todo el universo a la velocidad del pensamiento, la persona intenta acercarse a todos aquéllos con los que ha vivido y a los que ha amado. Pero estos últimos no son conscientes de su presencia, y el choque es brusco. Es un período realmente doloroso. Se ven toda clase de luces violentas y se oyen ruidos espantosos, como el estruendo de un volcán o de un terremoto, el rugido de una tormenta, los crujidos de una montaña que se desmorona.

Tal como lo describe, la visión budista del fenómeno de la muerte presenta un cariz terriblemente legendario y mítico.

No olvide que, incluso después de la muerte, podemos identificar todos esos fenómenos espectaculares como productos del espíritu. No son concretos, palpables, tangibles: son espejismos. Ustedes los llaman alucinaciones y saben que su naturaleza no es aleatoria; depende de la cultura, de los miedos y las experiencias del moribundo, y sobre todo de su *karma*.

Si predominan los actos negativos realizados durante la vida, el moribundo vivirá una transición plagada de sufrimientos. Por lo demás, en ese momento del *bardo* del devenir es cuando escaparemos a los condicionamientos falaces de nuestra existencia anterior para interiorizar los de nuestra próxima vida.

¿Estamos todos destinados a vivir una vida ulterior?

No. Si uno ha vivido procurando la felicidad de los demás y envolviéndolos en su compasión, si ha llevado una existencia justa, puede ser liberado del ciclo de las reencarnaciones y esperar tras la muerte el Campo de Beatitud.

En caso contrario, que por supuesto es el más frecuente, verá a sus futuros padres. Asistirá a su unión, a través de la cual renacerá a una existencia humana. ¡Habrá sido testigo de su propia concepción!

El *bardo* del momento de la muerte, el *bardo* de la naturaleza en sí y el *bardo* del devenir, acumulados, duran un mínimo de cuarenta y nueve días.

Estoy impresionado por la precisión con la que expone lo que en principio, según la visión occidental de la muerte, nadie está capacitado para verificar. ¿Cómo puede poseer esos conocimientos?

En su calidad de Despierto, el propio Buda pudo contar la experiencia de la muerte. Además, algunos grandes lamas están en condiciones de describirla gracias a la percepción directa que han tenido de ella en una vida anterior.

Otras personas han estado muy cerca de la muerte; han vivido, como dicen los científicos norteamericanos, Near Death Experiences. *En Occidente, las NDE son objeto de una literatura muy prolífica.*

Conozco esos fenómenos, y no contradicen en absoluto los *bardos* que acabo de describirle.

En general, esas personas han escapado a lo que parecía una muerte completa. Han tenido la sensación de que salían de su propio cuerpo para flotar sobre él y sobre el mundo.

En algunos casos, han visto aparecer seres brillantes e inmateriales en una especie de túnel luminoso. Todo esto coincide con la visión tibetana de la muerte.

¿Cómo aborda el budismo la cuestión del suicidio?

Creemos que el suicidio es un acto muy grave, uno de los más graves que se pueden cometer. Consiste en matar a las divinidades que habitan en uno y, en cierto sentido, provoca en el plano del *karma* consecuencias dramáticas. Sin embargo, los efectos negativos del suicidio con relación a las vidas posteriores varían según las circunstancias en las que se ha llevado a cabo.

¿Y la eutanasia?

También es un acto muy negativo por las mismas razones, aun cuando se tenga la impresión de aliviar a una persona facilitándole la muerte.

En Occidente, casi siempre vemos el budismo como una práctica que conduce a la serenidad y como una filosofía. En realidad, en muchas cuestiones, como por ejemplo el suicidio o la eutanasia, coincide con nuestras religiones. Para los cristianos, suicidarse es matar a la vez la encarnación de Dios en cada uno de nosotros y la parte de humanidad última que puede quedar en nuestra alma... Pero, volvamos al proceso de la muerte. Ha destacado que existían dos clases: la de los seres ordinarios, que deben reintegrarse al ciclo de las existencias, y la de los Despiertos.

Sí. Para un buda, la muerte se desarrolla sin sufrimiento; su *karma* está acabado. Para expresarlo con más exactitud, un buda se sitúa más allá de nociones como el *karma*, el sufrimiento, el miedo.

Pero le afecta igualmente la muerte física.

Así es, y en apariencia esa muerte física es similar a la de un ser ordinario. Pero, en realidad, el buda muere sin sufrir, sin experimentar ningún fenómeno alucinatorio. Su muerte física carece de importancia, pues en ese momento se encuentra ya en un mundo liberado de la existencia donde ni el nacimiento ni la muerte tienen sentido. Sólo muere físicamente para dar ejemplo a los que quedan y que un día, a su imagen y semejanza, también tendrán que morir. Las circunstancias de su muerte física están destinadas únicamente a servir de enseñanza sobre lo que ustedes llaman el «arte de morir».

¿Cómo murió Sakyamuni?

Estando ya enfermo, Buda se sentó al pie de un árbol y le pidió a su principal discípulo, Ananda, que le llevara agua de un río cercano. El agua estaba turbia porque acababan de pasar unos carros, pero en cuanto el bol del Despierto la tocó se volvió de nuevo límpida. Más tarde, las ropas que llevaba perdieron el brillo, un fenómeno que se produce especialmente la víspera de la Total Extinción de un buda. Pese a todo, el Bienaventurado reemprendió su viaje. Tras varias etapas, hizo que le preparasen un lecho entre dos árboles. Informados de su estado, numerosos miembros de la comunidad se congregaron junto a él. Buda predicó. Pronunció estas palabras, que serían las últimas: «Todo lo que es compuesto es perecedero; obrad con diligencia por vuestra propia salvación.»

Durante la noche, meditó y expiró. La tierra se puso a temblar, todos los árboles florecieron y las divinidades se manifestaron... Los funerales duraron siete días. La pira en la que colocaron su cuerpo se encendió y se apagó sola.

La tradición cristiana recurre a las nociones de infierno, paraíso y purgatorio. ¿Las excluye la idea de reencarnación del budismo?

¿Creen ustedes en esos lugares como en cosas tangibles?

Los relatos bíblicos los presentan como realidades, pero algunos prefieren interpretarlos como metáforas.

Las alucinaciones que nos asaltan en el momento de la muerte inspiran mucho miedo y sufrimiento. Eso podría ser el infierno. La cuestión no reside en creer o no creer en él. El sufrimiento está ahí. Si en nuestra vida han influido demasiados actos negativos, nuestro espíritu producirá esos efectos. No hay que confundir estos sufrimientos, que yo comparo con su infierno-sanción, con nuestro mundo de los seres infernales, que es uno de los seis universos donde podemos renacer y de los que volveremos a hablar más adelante.

De hecho, la evocación de estas nociones de infierno y paraíso es muy ambigua e induce a muchos malentendidos. Para los budistas sólo existe una alternativa. Si uno ha alcanzado el Despertar, sale de la rueda del *samsara* y escapa definitivamente del sufrimiento de las encarnaciones. Si no ha alcanzado el Despertar, permanece en el *samsara*. Abandonarlo no es comparable al paraíso, y quedarse en él no es comparable al infierno. Se trata de un dominio en el que cualquier comparación con las referencias cristianas sería inapropiada. Por otro lado, lo que nosotros llamamos mundo de los infiernos no es más que uno de los seis mundos en los que podemos renacer. Pero reencarnarse en ser infernal no implica en absoluto que nuestra existencia siguiente no se desarrollará en un mundo más favorable.

Asimismo, en determinadas condiciones podemos alcanzar lo que llamamos el Campo de Beatitud. Si has enriquecido tu vida con muchos actos positivos, si has rezado para renacer en el Campo de Beatitud, podrás estar en él de forma efectiva después de la muerte. Al igual que el infierno, no posee realidad propia. Ambos se asemejan a los vagabundeos del espíritu durante el sueño: lo que sucede en nuestros sueños y pesadillas carece de realidad, pero aun así produce felicidad en el primer caso y sufrimiento en el segundo.

Renacer en el Campo de Beatitud ¿es una consecuencia del Despertar?

No. Renacer en el Campo de Beatitud no es más que una posibilidad entre otras. Se accede a él más por la fuerza de aspirar a ello que por la fuerza del *karma*, y eso es lo que constituye su originalidad. Aun cuando allí uno ya se encuentre liberado del ciclo de las existencias, debe seguir purificándose y adquirir más méritos. A menudo digo que el Campo de Beatitud es una posible etapa hacia el Despertar, y no el final del camino.

Resumiendo, cada individuo puede reencarnarse en seis mundos diferentes. Un séptimo modo de renacimiento es el del Campo de Beatitud. Pero la meta final es el Despertar, única consagración de un espíritu que haya alcanzado la Iluminación.

¿Puede decirse que renacer en el Campo de Beatitud consiste simplemente en estar dispensado de renacer gracias a méritos particulares, aun cuando el Despertar sigue pendiente de ser conquistado?

Sí, es exactamente eso.

¿Cómo se inicia la reencarnación?

Si uno ha influido en su *karma* de manera desfavorable, mediante actos negativos como una conducta egoísta y cruel, experimentará, tal como acabamos de ver, graves sufrimientos durante la travesía de los tres *bardos*. Tras este proceso, renacerá en un mundo inferior al que ha conocido: en nuestro caso, el mundo animal, el de los espíritus ávidos o el de los infiernos, que la tradición subdivide en infierno de bronce, infierno de estiércol, infierno de las espinas, infierno helado e infierno ardiente. Si, por el contrario, ha orientado favorablemente su *karma* mediante acciones justas y una gran compasión hacia los demás seres, puede renacer en una existencia humana, en un campo puro como el Campo de Beatitud o, en el mejor de los casos, en la luz pura del Despertar.

Este ciclo de las existencias dolorosas es el *samsara*, donde permaneceremos hasta que el Despertar nos libere de él.

¿Están relacionadas las nociones de samsara *y de nirvana? He oído decir que el nirvana es comparable a la acción de un soplo que apaga una vela con la que uno se estaba quemando. También me han dicho que el nirvana empieza donde se detiene el* samsara.

Sí, podría expresarse así.

¿Cuándo comenzó el samsara*?*

El *samsara* no ha comenzado nunca. No hay punto de partida, límite inicial del tiempo. Hemos vivido innumerables existencias.

Para el budismo, entonces, ¿el universo nunca fue creado?

El budismo no cree en un dios omnipotente y omnisciente, creador «del cielo y de la tierra». De hecho, nuestra comprensión del universo y del tiempo está permanentemente emborronada por las ilusiones que nuestro espíritu proyecta sobre esos conceptos. Y esto, creo yo, no se aleja mucho de lo que afirman sus ciencias más avanzadas, que consideran que un fenómeno es inseparable de aquel que lo observa.

Eso es, efectivamente, lo que dice la mecánica cuántica, que también enseña que un mismo fenómeno puede revestir dos formas diferentes. Por ejemplo, un objeto físico puede ser a la vez una onda y una partícula.

No hay nada más budista que eso. En unos casos, una cosa puede ser lo que pensamos o lo contrario de lo que pensamos. ¡En otros, puede ser lo que pensamos y a la vez lo contrario de lo que pensamos! No podemos tener certeza alguna. No digo esto para eludir su pregunta inicial. Simplemente, debemos suponer que el *karma*, el *samsara*, el mundo, se han constituido por sí solos mediante un ejercicio sutil y progresivo de causas y efectos.

Los sabios occidentales no dan una explicación distinta de ésta para describir, por ejemplo, los orígenes de la vida... En realidad, la verdadera búsqueda del budismo no se sitúa fuera de nosotros, en un intento loco por determinar los orígenes del mundo, sino en nuestro propio espíritu y en nuestra realización.

¿Se puede renacer en otra religión, o incluso en otro planeta?

Sí. Se puede renacer en todos los mundos posibles. Le recuerdo que existen seis categorías de seres prisioneros del ciclo de las reencarnaciones. Empezando por las condiciones de existencia superiores hasta llegar a las inferiores, son las siguientes: los dioses, los semidioses, los hombres, los animales, los espíritus ávidos y los seres de los infiernos.

¿Pueden algunos seres elegir su modo de reencarnación?

Sí, algunos seres de una realización extrema pueden, por ejemplo, renunciar a salir de la rueda de las existencias y escoger el mundo en el que se reencarnarán, con el único objeto de ayudar a los demás seres en su avance hacia la luz.

¿Resulta útil tratar de encontrar en el espíritu la huella de las vidas anteriores? ¿Cómo se procede?

Algunos seres son capaces de recordar espontáneamente una o varias de sus existencias precedentes. Sin embargo, lo habitual es que se trate de un recuerdo difuminado y parcial.

Usted me ha contado que vivió fragmentos de su pasado al reconocer, sin haberla visto jamás, la casa de Karma Sherab Eusser cuando llegó al monasterio de Bokar.

Así es. Esa conciencia de las vidas anteriores, aunque tenue, permite comprender la continuidad entre una existencia y otra, situarse en un flujo kármico en el que está claro que un acto realizado influye en nuestras vidas venideras.

Sin embargo, convertir esa búsqueda en un ejercicio en sí mismo comporta cuatro riesgos. En primer lugar, el del error. ¿Quién puede probar que tu convicción de haber sido encarnado en determinado personaje, a menudo legendario, no es pura y simplemente fruto de tu imaginación? En este campo, las equivocaciones son muy numerosas. ¡Hay que desconfiar!

Un segundo riesgo es el de la complacencia. Suponiendo que una persona pueda efectivamente identificar sus existencias anteriores, se sentirá tentada a refugiarse en ellas y a dejar que contaminen su vida presente. Profundizará en su conocimiento de las épocas en que haya vivido. Se enorgullecerá de las cualidades de su *alter ego*, se adjudicará sus aventuras extraordinarias; por pura fascinación, se identificará con él. Todo esto es malsano, pues la persona en cuestión llegará a abdicar de una parte de su vida presente en beneficio de una reconstrucción aproximada e ilusoria del pasado.

El tercer riesgo es el de la presunción. La idea de que hemos logrado remontar el tiempo tiene un componente embriagador y vertiginoso. Resulta tentador convertirlo en un elemento de valoración de la propia persona. En la vida social, algunos intentan destacar y seducir poniendo de relieve los personajes en los que creen haber sido encarnados. Este fenómeno, a mi entender, durará mientras los occidentales continúen privados de una vida espiritual equilibrada que los devuelva al presente. He descubierto que en algunos países occidentales existen magos o gurús que reconstruyen tu «genealogía de reencarnación» a cambio de dinero. Muchos occidentales se sienten tan carentes de raíces que son víctimas de ese fraude.

El cuarto riesgo es el de la ilusión. Si uno piensa que en otros tiempos tuvo una vida de tortuga marina, de sacerdote inca, de mercenario o de emperador chino, creerá que el conocimiento de estas encarnaciones le permitirá comprender mejor su *karma*. Se dirá: «Me reencarné en un mercenario porque llevé a cabo sacrificios humanos en mi vida de inca.» Pero en la mayoría de los casos se equivocará, pues no tendrá en cuenta la complejidad del *karma*. Además, sus análisis no tendrán ninguna utilidad; no harán sino entorpecer su avance presente hacia el Despertar, en lugar de favorecerlo.

En realidad, lo único que realmente importa es comprender que nuestros problemas en esta vida derivan de actos negativos pasados, y que las cosas buenas son consecuencia de actos positivos. He aquí, por utilizar el lenguaje matemático, la única ecuación que cuenta.

¿Cómo pueden tener la certeza de la reencarnación? ¿Qué pruebas hay de la existencia del

samsara? *¿Se trata, como en la religión cristiana, de un acto de fe, es decir, de una adhesión gratuita e incondicional?*

Los budistas no nos planteamos esa cuestión. Sentimos la reencarnación como un hecho, descrito y atestiguado por el propio Buda, por la existencia de los *tulkus* y por numerosos lamas y grandes acciones. Como en ocasiones dice el Dalai-Lama, renunciaremos a creer en ella si se nos demuestra que esta creencia es errónea. De una manera más general, no queremos que esas cuestiones sin objeto se interpongan en nuestra búsqueda de la luz. Tal vez haya llegado el momento de contarle una historia búdica célebre, que figura en un texto de enseñanzas llamado *Majjhima Nikaya*.

«Un día, un hombre se acercó a Buda y le dijo que, antes de practicar, deseaba conocer la respuesta a todas las grandes cuestiones filosóficas. Esto es lo que le contestó Buda:

»—Es como si un hombre herido por una flecha envenenada, y a cuya cabecera estuviese un médico, dijera: "No permitiré que me extraigas la flecha hasta que no sepa la casta, la edad, el oficio, el lugar de nacimiento y la motivación de quien me ha herido." Ese hombre moriría antes de haber averiguado todo eso. Exactamente del mismo modo, alguien que dijera: "No seguiré la enseñanza del Despierto hasta que no me explique todas las formas de las verdades del mundo", moriría antes de que Buda se las hubiese explicado.»

En otras palabras, en una cuestión como la reencarnación, ¿niega el budismo cualquier controversia intelectual?

Sí, en la medida en que, al hacer de ella un objeto secundario, se convirtiera en un obstáculo para la práctica espiritual.

¿Tiene una importancia especial respecto a la reencarnación la manera en que es tratado el cuerpo después de la muerte?

No. Es una simple cuestión cultural. En el Tíbet se trocea el cuerpo de los muertos antes de ofrecerlo a los buitres. A veces el cuerpo se incinera.

Esa costumbre que ha citado en primer lugar se parece a las de otros pueblos. Por ejemplo, a las de ciertos indios de América, como los lakota.

Tanto para ellos como para nosotros, el valor de este rito lo constituye exclusivamente la espiritualidad que lo acompaña. Se ofrece el cuerpo al cielo o al fuego, y esto reviste un significado particular. Se supone que el fuego consume los velos kármicos del muerto y libera a éste de sus faltas, que se convierten en humo. Si me dice que algunos pueblos arrojan los cuerpos al agua, pensaré que eso es beneficioso si detrás del rito se perfila también una intención; por ejemplo, hacer una ofrenda a las criaturas marinas. El hecho de que se entierre a los muertos, se los incinere o se los despedace es algo que varía de un país a otro y que no tiene importancia en sí mismo.

Montaigne, parafraseando a Cicerón, decía que filosofar es aprender a morir. ¿Nos enseña también el budismo ese arte?

En ocasiones empleo una metáfora. Cuando uno quiere ir a un país que no conoce, primero debe localizarlo en un mapa y estudiar los caminos que llevan a él. Así, puesto que debemos prepararnos para morir, aprendamos lo que es la muerte, de modo que al menos quede eliminado el miedo que inspira lo desconocido. Sea uno materialista, cristiano, musulmán o budista, encontrará en su religión creencias universales que le curtirán en previsión del momento final.

Evidentemente, esto no basta. Para ir al país en cuestión hace falta disponer de un vehículo y de carburante... En términos espirituales, eso significa el conocimiento de nuestro propio espíritu, el mérito y la compasión acumulados a lo largo de la vida...

Uno de los elementos esenciales de la preparación para la muerte consiste en tomar conciencia de su ineluctabilidad y su universalidad. Se puede meditar sobre estas dos sencillas nociones cualquiera que sea la fe que uno tenga o la religión que profese. Si eres budista, pensarás que después de todo tu muerte ya se ha producido miles de veces y que no hay muchas razones para temerla. Incluso te resultará posible recibirla con alegría, ya que te ofrece la posibilidad, según la vida que hayas llevado, de renacer en una condición mejor. Podrás, por ejemplo, reaparecer en un campo puro, como el Campo de Beatitud.

Siempre, se trate del caso que se trate, debemos pensar que la muerte nos abre otros horizontes más libres. De hecho, no lo conseguimos a causa de nuestro apego a los objetos, a los seres queridos y a los allegados, a los lugares donde hemos vivido... Toda la práctica budista se dirige a liberarnos de ese apego a cosas ilusorias. Somos como prisioneros apegados a su prisión.

¿Cuál es su postura acerca de lo que llamamos la obstinación terapéutica, que consiste en prolongar la vida de una persona cuyas posibilidades de sobrevivir son mínimas?

Comprendo los excesos a los que se refiere: ¡mantener viva artificialmente a una persona! Sin embargo, procuremos no caer en el exceso contrario. Debemos preservar nuestra vida, no dejar que huya como hace el suicida. Además, los nuestros sufrirán si desaparecemos prematuramente. Por estas dos razones, aun cuando sepamos que padecemos una enfermedad incurable, es preciso hacer todo lo posible para vivir. De todas maneras, la hora llegará; no hagamos nada por adelantarla.

¿Ofrece el budismo una lectura, una visión de los tiempos futuros? En otros términos, ¿en

qué mundo renaceríamos si pudiéramos hacerlo con una forma humana?

Los ciclos según los cuales evoluciona el universo se llaman *kalpas*. Un *kalpa* comprende la génesis, la duración y la desaparición de un universo. El que vivimos está lleno de luz, pues se ha dicho que verá nacer mil budas.

¿Qué posición ocupa entre todos ellos Sakyamuni, Buda?

Sólo es el cuarto, lo que significa que faltan por nacer novecientos noventa y seis budas.

¡Yo creía que todos podíamos acceder al Despertar y, por lo tanto, a la «budeidad»!

Tiene razón. Pero ahora me estoy refiriendo a los budas «históricos» destinados, como Sakyamuni, a fundar una tradición espiritual duradera. Estas consideraciones le darán una idea de la cantidad de posibilidades que tiene el mundo futuro para recibir de nuevo la luz de la Enseñanza.

¿Sabrá aprovechar el mundo esas posibilidades? Un texto llamado Tantra de Kalachakra *dice, en esencia, que vivimos una época residual durante la cual la Tierra estará bajo el dominio de los bárbaros. ¿Qué es una época residual y quiénes son los bárbaros?*

Kalachakra es una divinidad tántrica que sirve de inspiración para técnicas de meditación y rituales. El sistema cosmológico, filosófico y metafísico que se deriva de ello es muy complejo.

Los bárbaros son aquellos que causan mucho sufrimiento a los demás, que no se preocupan en absoluto por su paz ni su felicidad. Se aplica el nombre de época residual a la que sobreviene cuando las dificultades materiales y las pasiones negativas aumentan; y se instala el desorden mental, con una superabundancia de creencias falsas y de teorías intelectuales desprovistas de fundamento.

¿Nos encontramos ya en la época residual?

Sí. Pero la profecía indica que algunos iniciados, gracias a que han adquirido y difundido la enseñanza de Kalachakra, restaurarán la vida espiritual y permitirán a los seres encontrar de nuevo la luz. Yo estoy convencido de que quienes practican actualmente esta enseñanza forman, en nombre del conjunto de los seres, un vínculo con la energía espiritual futura. Por eso el centro de retiro que estamos construyendo aquí, en Mirik, estará dedicado a la práctica de Kalachakra.

internos. El sistema cosmológico, que ofrece y el metafísico que se deriva de ellos es muy complejo.

Los bárbaros son aquellos que únicamente causan daño a los demás, que no se preocupan en absoluto por su paz ni su felicidad. Se aplica el nombre de época residual a la que sobreviene cuando las dificultades materiales y las pasiones negativas aumentan y se instala el desorden general, con una superabundancia de creencias falsas y doctrinas intelectuales desprovistas de fundamento.

¿Nos encontramos ya en la época residual?

Sí. Pero hay profecías que indican que algunos iniciados, gracias a que han adquirido y difundido la enseñanza de Kalachakra, restaurarán la vida espiritual y permitirán a los seres encontrar de nuevo la luz. Yo estoy convencido de que quienes practican actualmente esta enseñanza forman, en nombre del conjunto de los seres, un vínculo con la energía espiritual futura. Por eso el centro de retiro que estamos construyendo aquí en Mark, estará dedicado a la práctica de Kalachakra.

7

UN SOLO MUNDO

Una sombra pasa por el río.
Por el puente cruza un monje.
Deténte... Oh, monje, háblame,
¿adónde vas?
Pero su dedo señala las blancas nubes,
y, en silencio, prosigue su camino.

Poema anónimo (Corea)

Hoy, la atmósfera es menos apacible que en los días anteriores. Oigo el ruido de la circulación al pie de la colina, y voces y música procedentes de las viviendas, al otro lado del camino.

Un lama me cuenta que el monasterio de Mirik, donde me encuentro, fue construido para servir de simple centro de retiro. Pero, un día, un lama instalado al sur de la India le preguntó a Bokar Rimpoché si podía enviar a unos jóvenes monjes a los que no tenía la posibilidad de garantizar una formación satisfactoria. Bokar Rimpoché aceptó acogerlos y Mirik se convirtió en un auténtico monasterio, aunque sin perder su vocación inicial.

Al contrario que la mayoría de las instituciones tibetanas similares, me explica mi interlocutor, Mirik no dispone de un *ladrang* (residencia del lama) y un *dratsang* (residencia de los monjes), sino sólo del segundo. Bokar Rimpoché se considera un monje corriente. El lama que me lo dice ve en ello un signo de su humildad absoluta.

Todo esto me lleva, como occidental que soy, a la idea de Iglesia, de comunidad religiosa organizada conforme a reglas seculares. Recuerdo que durante el viaje profundicé en mi conocimiento de lo que sucedió en los orígenes del budismo.

Buda permaneció siete semanas en el lugar donde había encontrado el Supremo Completo Despertar. Luego soñó con un estanque de aguas profundas. Algunos lotos habían echado raíces en el fondo y no conseguían aflorar a la superficie, de manera que sus flores morían sin que jamás les hubiera dado el sol. Otros se elevaban con fuerza y sus flores flotaban magníficamente sobre el agua. Por último, había otros más cuyas flores rozaban la superficie sin lograr traspasarla. Buda comparó esas flores con los seres humanos. Algunos quedan atrapados por ilusiones y doctrinas falaces sin que nada pueda hacerles dudar de sí mismos. Otros encuentran la vía que conduce a la luz. Los últimos se hallan cerca de la verdad, pero no consiguen alcanzarla. Y sin embargo, ¡bastaría con tan poco!

Partiendo de esta constatación, Buda decide difundir la enseñanza que tanto ha tardado en encontrar por sí mismo. Comienza a buscar compañeros con los que llevar a cabo esta obra y se dirige a los cinco ascetas con quienes en otros tiempos se adentró en la vía errónea de la mortificación. En cinco días, los cinco hombres alcanzan junto a él el *arhant*, estado de santidad que, en el momento de la muerte, los conducirá directamente al nirvana. Este acontecimiento es determinante para la difusión del budismo, pues a partir de entonces la difícil enseñanza de Buda estará destinada a todos los seres. La donación de la Ley se convierte incluso en una obligación.

A los treinta y seis años de edad, Buda pondrá todo su empeño en difundir y hacer que se difunda por el mundo esta enseñanza, llamada *dharma*. Los convertidos formarán una comunidad unida bajo el nombre de *sangha*.

Una vez más, varias preguntas acuden a mi mente. Por lo general, creemos que el budismo es una espiritualidad sin religión. Sin embargo, a lo largo de mi periplo y durante mis conversaciones me he encontrado con dioses y diosas, reliquias y santos; me han hablado de milagros, de oraciones y de ritos. Y ahora se impone evocar una Iglesia constituida por apóstoles, una enseñanza difundida por misioneros, monasterios de los que, a juzgar por lo que veo a mi alrededor, las mujeres están excluidas...

Acerca de esta última cuestión, Buda dijo que las mujeres eran criaturas locas, malvadas y mentirosas. Indicó que era conveniente desconfiar de ellas. ¡Incluso ignoraba si podían acceder a la Iluminación! ¿No encontramos en esta controversia todas las taras de nuestras propias Iglesias? He tenido posibilidad de constatar numerosos parecidos cuasi teológicos, y nada descabellados, entre el budismo y el cristianismo; por ejemplo, la idea de que nuestro devenir está condicionado por el valor moral de nuestros actos. Pero ¿es posible que las enseñanzas de Buda conduzcan a las mismas ideas dogmáticas que las de la Iglesia católica romana, que durante siglos se negó a otorgar alma a las mujeres?

Mi urgencia por reflexionar acerca de estas cuestiones se debe al excepcional auge que el budismo está teniendo en numerosos países occidentales. En Los Ángeles y Berlín se forman grupos de meditación. En Francia e Inglaterra se organizan retiros. Los monasterios abren sus puertas en nuestros campos. ¿Qué prácticas se enseñan en ellos? ¿Es inocuo para el cuerpo y el espíritu el cóctel de nuestras inquietudes unidas a las secuelas de la New Age, las angustias milenaristas y el *dharma*?

Antes de reunirme con Bokar Rimpoché, anoto tres preguntas que, a mi entender, conducen a todas las demás:

1. ¿Es el budismo una religión?
2. ¿Es el budismo una Iglesia?
3. ¿Es el budismo una moral?

¿Cuál es su concepción del mundo?

Nosotros creemos en un mundo unido, en el que nada está separado de nada. No hay un solo elemento del universo que no esté conectado con todos los demás. Mire ese lápiz que tiene en la mano. No podría existir si un árbol no hubiera proporcionado la madera, si un leñador no hubiera cortado el árbol, si una pareja no hubiera engendrado al leñador. No lo distinguiríamos si no se detuviera allí donde empieza el vacío. El propio lápiz está formado por un envoltorio y una mina, y no sería de ninguna utilidad si esos dos elementos no estuvieran relacionados uno con otro. Sin una hoja de papel, sin un soporte para escribir, usted dispondría de un objeto vano, al igual que si estuviese incapacitado para ver el trazo y su significado en la hoja. En suma, en ese lápiz veo el bosque, veo al hombre, veo el aire, el cosmos y el espíritu. Vivimos en un mundo de interdependencia total.

Un gran científico occidental dijo un día que el batir de las alas de una mariposa perturba una estrella...

¡Una observación muy budista! En realidad, nosotros decimos que el lápiz está vacío de toda existencia inherente e independiente. Nada lo separa del gran todo. El mismo razonamiento puede aplicarse al hombre. ¿Qué hacemos al meditar, si no es incluirnos en la luz del espíritu, del que nada puede separarse?

¿Implica eso que nuestra existencia no se puede concebir al margen de la existencia de los demás? ¿No es eso el inicio de un pensamiento ecológico?

El inicio no, la base. Al decir que todo está unido a todo, afirmamos la interdependencia de los seres. Podríamos hacer con la vida humana o la de un animal la misma demostración que con el lápiz. Los hombres y los animales dependen unos de otros, dependen de la tierra sobre la que están, de los mares, del mundo vegetal, de la atmósfera, etc. Asimismo, el monje depende del laico, y debe mendigar a éste el alimento para recordar esa verdad de la dependencia. A cambio del alimento que se le ofrece, el monje debe dar ejemplo de un ideal búdico vivido y cumplir su deber respecto a la Enseñanza.

Para los cristianos, un dios todopoderoso creó al hombre en último lugar y en el centro del universo, a fin de que pudiera reinar sobre todo lo que es.

Evidentemente, eso no tiene sentido para un budista. A lo largo de nuestra conversación ha quedado demostrado. Nosotros no reconocemos ni la idea de creación, ni la de revelación, ni la de «lo que es». Nada es administrado por un dios creador y todopoderoso. No esperamos nada sino de nosotros mismos. Lo prueba el hecho de que, en vez de dictar leyes, Buda se limitó a dejar pistas. Incluso quiso que no todo fuera desvelado y que subsistieran silencios ante determinadas preguntas. Es lo que nosotros llamamos las Catorce Visiones Inexplicadas.

Aunque se trate de una laguna deliberada en el campo del saber, si he entendido bien lo que ha dicho, ¿puede precisar en qué consisten esas Visiones Inexplicadas?

En el *Samyutta Nikaya* se dice...

¿Qué es el Samyutta Nikaya*?*

Una recopilación de los sermones de Buda. En ese texto se dice que un día Buda reunió a sus discípulos, tomó entre sus manos unas hojas muertas y les preguntó: «¿Dónde creéis que hay más hojas, en mis manos o sobre nosotros, en las ramas de los árboles?» Un monje respondió: «Sin duda alguna sobre nosotros, porque las que el Venerable tiene entre las manos son muy pocas.» Y Buda dijo:

> Del mismo modo, monjes, las cosas que he descubierto y no os he comunicado son más numerosas que las que os he comunicado.
>
> ¿Y por qué no os las he comunicado?
>
> Porque esas cosas no os serían de ningún provecho. No os conducirían a desprenderos de las cosas terrestres hasta la extinción del deseo, hasta el cese de lo perecedero, hasta la paz, hasta el Conocimiento, hasta el nirvana.

Resulta chocante ver hasta qué punto, pese a la complejidad de su mitología fundadora..., me refiero a los mitos de la India védica, el budismo niega todas las especulaciones del esoterismo. Buda no dijo: Si seguís la vía que os indico, encontraréis la clave de los grandes misterios. Lo que dijo fue: «No hace falta ninguna clave; la solución de los grandes misterios está en vosotros.»

Por eso las Catorce Visiones Inexplicadas no son superiores a las Visiones Explicadas, sino que simplemente se sitúan al margen de lo que es útil.

En cualquier caso, la idea de que la Tierra, con los animales que la pueblan, es propiedad nuestra y podemos hacer un uso discrecional de ella es una barbaridad. Sé que en Occidente hay personas que consideran objetos a los animales. Me refiero al trato que reciben los animales destinados a la alimentación: el ganado bovino, los corderos, cerdos, etc., así como las aves, a las que se cría amontonadas en condiciones artificiales para luego masacrarlas.

Buda nos enseña que los animales están hechos del mismo material que nosotros, y que ese material está tejido de sufrimiento y de deseo de escapar al sufrimiento. Si apreciamos ese lazo de parentesco, ¡y no hay ninguno más estrecho!, comprendemos que hay que respetar a todos los seres, incluso a los animales, como si fueran parientes, allegados. Preocuparse de los demás es esencial.

Si dependemos hasta ese punto los unos de los otros, y todos de la Tierra en la que vivimos, hay muchas razones para preocuparse por el futuro, y las primeras son la contaminación y la superpoblación.

La contaminación originada en Occidente demuestra que su apego a las cosas materiales es tan grande que se dejan arrastrar por él. Creen sinceramente que forma parte de su naturaleza y que no hay nada más importante que los goces y los placeres que les proporciona.

Además, se aferran a la idea de que sólo cuenta aquello que pueden tocar y que, en consecuencia, creen real. Por eso la degradación del planeta no les afecta realmente mientras siga siendo una idea que concierne a otros territorios u otras generaciones. Únicamente se vuelven sensibles a ella cuando les impide, o amenaza con impedirles, satisfacer sus deseos materiales. Se dicen, sin ser conscientes de ello, que en un mundo destruido por la contaminación ya no se podría ir al cine, degustar buenas comidas o pasar vacaciones agradables, ¡y eso es lo que les frena! Como es natural, también hay occidentales a los que les preocupa respetar el mundo por compasión hacia él, pero cargo las tintas para que me entienda mejor...

En lo que se refiere a la superpoblación, se trata de un grave peligro, en efecto. Proviene de lo que Buda describió como una de las causas de sufrimiento primordiales: el deseo de existir. De todos los deseos que, como hemos visto, producen indefectiblemente sufrimiento, éste es el más fuerte. Ustedes suelen hablar de él como de un instinto para describir mejor la supuesta imposibilidad de controlarlo. Para unos seres perecederos, el deseo de existir se prolonga en un deseo de «hacer existir», y ése es el que actúa en la concepción. Ceder a ese deseo sin intentar jamás controlarlo mediante la meditación es un error que produce, al provocar la superpoblación, sufrimientos inmensos en toda la superficie del planeta. Por tal motivo, al contrario que en sus religiones, el budismo no se opone al control de la natalidad.

Los occidentales han olvidado la unidad del mundo. Tienden a especializar al máximo los estudios que realizan. La industrialización de nuestras sociedades a partir del siglo XIX ha hecho que todos se encierren en unas tareas profesionales tan precisas que les impiden ver el interés general de su trabajo. ¿Cómo podría alguien que se pasa la vida fabricando pernos sentirse implicado en la construcción de la central térmica en la que éstos se utilizarán? Cuando creíamos que se estaba produciendo un vasto movimiento de unificación, lo que vuelve en toda Europa, en la antigua Yugoslavia o la antigua Unión Soviética, es el espíritu de separación, de división y de nacionalismo. Asistimos al retorno de los tiempos de las tribus, de los grupúsculos; vivimos encerra-

dos en nuestra concha. Nuestras particularidades son motivo de crispación. El mundo contemporáneo está atomizado, fragmentado, desunido.

La televisión por satélite o por cable, las futuras autopistas de la información, las redes como Internet podrían acercarnos a una relativa unicidad; pero nos comunicamos de forma anónima, sin rostro, aislados unos de otros. Nos hemos convertido en lo que los pitagóricos llamaban mónadas: unidades individuales completas y suficientes. Tanto en este plano como en otros, seguro que el pensamiento budista podría sernos de gran ayuda.

El budismo describe en términos más poéticos que verosímiles la organización física de ese mundo unido que debería ser el nuestro. Ustedes imaginan, organizada en cuatro continentes, una Tierra plana, dominio donde «se actúa en el deseo» y donde viven los animales, los hombres y algunos dioses. Debajo se encuentran los infiernos, y encima los mundos de los dioses y los budas. Todo eso se contrapone terriblemente, al menos en apariencia, a los datos de la ciencia.

Tiene usted razón. Esa imaginería es heredada en su mayor parte de la cosmología védica, es decir, de la mitología y las creencias de la antigua India. Para Buda, lo importante de verdad era dar a su discurso un alcance espiritual mayor. Así pues, a fin de no molestar ni perturbar a los espíritus con una revolución cosmológica, describió el mundo de conformidad con los conocimientos de la época: en la India védica, la Tierra es plana y su centro es el monte Meru, en cuya cima está el dios Indra. Seguramente hoy Buda hablaría del universo en términos admisibles para la ciencia. De cualquier forma, teniendo en cuenta que Buda enseñó que al hablar del mundo no hacemos sino evocar proyecciones de nuestro espíritu, desprovistas de existencia real, no creemos que ese debate sea importante.

A ello añadiré que ni siquiera se sabe con detalle cómo se representaba realmente el mundo Buda, ya que textos como el *Abhidharma* nos ofrecen unas interpretaciones diferentes de las que encontramos, por ejemplo, en los tantras de Kalachakra o de Chakrasamvara.

¿Es el budismo una religión?

Ustedes creen que la espiritualidad y lo religioso están forzosamente entrelazados. Es probable que en la mayoría de los casos sea así, pero convertirlo en una fórmula sistemática es excesivo. Se puede practicar una espiritualidad sin religión y una religión sin espiritualidad, del mismo modo que en casos como el budismo religión y espiritualidad pueden superponerse.

Su panteón me ha dejado francamente estupefacto. ¡Tienen tantos dioses! Dioses relacionados con elementos del universo y la naturaleza, como la Luna, el Sol, el río... Dioses ajenos al mundo, desligados de las formas sensibles...

Es preciso tener en cuenta dos cosas: la primera es que Buda prodigó sus enseñanzas en una India impregnada de las creencias védicas; la segunda, que todas esas divinidades sólo existen, al igual que el resto, como proyecciones de nuestro espíritu. La prueba de ello es que cuanto más se realiza el espíritu, más se aparta uno de esos dioses que al principio pueden servir de soporte para la meditación. Como dijo un autor occidental, se va hacia la unicidad de un diamante único.

¿Es el budismo una Iglesia?

No. Existe una comunidad budista que llamamos *sangha* y que congrega a aquellos que desean observar en común prácticas regulares, pero se puede ser budista sin formar parte de ella. El budismo tiene una vocación de universalidad que va más allá de cualquier forma de agrupamiento de los seres. Se lo repito: se puede practicar dentro de la estructura o fuera de ella. Por otro lado, los monjes budistas no son sacerdotes. Nosotros no tenemos nada equivalente a la ordenación de los religiosos cristianos.

El budismo, además, presenta la particularidad de que es posible tomar de él enseñanzas sin estar obligado a una adhesión completa y general. No es ése el caso de las Iglesias, para las cuales las creencias están forzosamente vinculadas unas a otras. ¿Se puede, por ejemplo, ser verdaderamente cristiano sin admitir la Inmaculada Concepción o poniendo en duda el principio de la Santísima Trinidad? En cambio, uno puede rechazar la parte del *dharma* que quiera y quedarse con las enseñanzas que le resulten útiles.

¿Cómo se formó la comunidad budista?

El primer laico que convirtieron los cinco miembros de lo que se ha dado en llamar el «grupo feliz» fue Yasas, el hijo de un tesorero de Benarés, un hombre decepcionado, como se había sentido Buda antes que él, por la facilidad y el lujo de su existencia. Le siguieron los familiares de Yasas. Poco a poco, la comunidad reunió a varias decenas de miembros. Cuando finalizaba la estación de las lluvias, durante la cual es costumbre llevar una vida sedentaria, éstos partían a predicar por un lado, y Buda por otro. Las conversiones se multiplicaron y muchos nuevos adeptos obtuvieron la posición de *arhant*, un estado de santidad inmediato, como antes he dicho. Un año después del Despertar, junto a Buda había veinte mil monjes, a los que muy pronto se unieron su padre, el rey Suddhodana, que no quería un hijo religioso, su hermanastro Nanda e incluso su propio hijo, Rhayla, de siete años. El auge del movimiento hizo temer desórdenes públicos y provocó los celos de las sectas rivales, pero Buda logró sortear las trampas que tendieron a la comunidad con este pretexto.

Entonces, los inicios del budismo son similares a los de cristianismo.

Así es. ¿Acaso no dijo Buda: «Oh monjes, poneos en camino, y hacedlo por el bien de muchos, por compasión hacia el mundo. Predicad la Ley en su espíritu y en su letra; exponed en la plenitud de su pureza la práctica de la vida religiosa»?

Más tarde, cuando la comunidad contaba con decenas, tal vez cientos de miles de miembros, se fundó el primer monasterio en Cravasti.

Treinta y siete años después del Despertar, Devadatta, un primo de Buda, celoso de su influencia, intentó en vano hacer que lo asesinaran.

Devadatta..., ¿el Judas del budismo?

(Bokar Rimpoché no oye este comentario y prosigue su relato.)

Tras haber fracasado, Devadatta intentó provocar un cisma cuyos efectos se revelaron bastante duraderos. Luego fue víctima de una enfermedad que lo condujo al infierno Avici.

¿Qué sucedió con la difusión del budismo tras la muerte de Buda?

La principal preocupación de la comunidad no era encontrar otro jefe, sino garantizar la perennidad del *dharma*. Nadie había escuchado la totalidad de la Enseñanza del Bienaventurado y aún no existía ninguna transcripción de la misma.

Así pues, había que perpetuarla oralmente y por escrito.

Paralelamente, como la comunidad no estaba organizada de manera monolítica, también había que limitar los cismas, las tendencias sectarias, y por consiguiente determinar una disciplina. Se organizó una reunión para tratar esta cuestión. Quinientos *arhants* participaron en lo que los occidentales llaman el primer concilio budista, que duró siete meses y del que fue excluido Ananda, el compañero más cercano a Buda. Se le acusó de numerosas faltas, lo que no impidió que más adelante ocupara el primer puesto en el seno de la comunidad.

Más de cien años después se celebró otra reunión para dilucidar diversas cuestiones de práctica, en especial ésta: ¿tenían derecho los monjes a aceptar donaciones de oro o plata?

La respuesta fue negativa, pero a partir de dichas controversias se produjeron cismas y desviaciones de la Enseñanza.

Tres siglos antes de nuestra era, el rey Asoka, convertido seis años después de su coronación, emprendió la tarea de llevar a otras tierras la Enseñanza. Envió emisarios a nueve regiones, de Birmania a Sri Lanka, de Tailandia al Himalaya. Así comenzó el budismo su difusión por todo el mundo, extendiéndose y ramificándose.

¿Es el budismo una moral?

Sí, en la medida en que propone una manera de orientar la vida y de comportarse en la vida. Se trata de unas reglas fáciles de resumir.

Hay que refugiarse, es decir, abandonarse

con absoluta confianza, en la triple Joya que forman Buda, la Ley *(dharma)* y la Comunidad *(sangha)*.

Hay que rechazar la ignorancia, de la que se derivan todas las carencias que podemos experimentar. En el *Dhammapada* encontramos estas palabras de Buda:

> La pereza es la ruina de los hogares. La indolencia es la ruina de la belleza. La negligencia es la pérdida del vigilante.
>
> La mala conducta es una mancha para la mujer. La tacañería es una mancha para aquel que da. Hacer daño es una mancha en este mundo y en los otros.
>
> Pero mayor que estas manchas es la ignorancia, ésa es la peor de todas.
>
> ¡Oh, discípulos, rechazad esa mancha y permaneced sin mancha!

Todo sufrimiento proviene de la ignorancia. Ella es la que interpone ilusiones entre nuestro espíritu y el mundo.

Si se respetan estos enunciados, se puede acceder al Óctuple Sendero que conduce a la Iluminación. Los ocho tramos de este sendero son:

— las visiones justas y la voluntad perfecta, constitutivas de la sabiduría;

— la palabra correcta, la acción correcta, los medios de existencia correctos y el esfuerzo perfecto, constitutivos de la moralidad;

— la atención perfecta y la meditación perfecta, constitutivas de la concentración de espíritu.

Puesto que conducen al Despertar, estos ocho tramos son un programa de acción contra el sufrimiento. El título que los abarca sin duda es deliberadamente abstracto, ¿no?

Me explicaré con más detalle.

Las visiones justas se oponen a la ignorancia como el día a la noche. No podemos pretender poseer las visiones justas mientras no nos hayamos detenido en nosotros mismos para preguntarnos: «¿Adónde me conduce mi avance? ¿Qué sé realmente de mis propias creencias, de mis objetivos? ¿Me llevan hacia más felicidad o hacia más sufrimientos? ¿Son mis actos sensatos, compasivos, útiles para mí mismo y para los demás? ¿He reflexionado alguna vez en otras maneras de ser? ¿Por qué no examino con sinceridad otros caminos, a fin de elegir el que me convenga, en lugar de seguir aquel en el que me han situado mi nacimiento, la sociedad a la que pertenezco y las costumbres dominantes?» Estudiemos, experimentemos, y encontraremos las visiones justas.

Y ustedes suponen que esas visiones justas se experimentan y se revelan en el budismo...

La característica del budismo es que deja que cada cual experimente y descubra lo que hay en él. Las visiones justas no pueden serlo realmente mientras no hayan sido sometidas a la prueba de la duda. Buda lo explicó así a sus discípulos:

> No creáis lo que dicen las tradiciones, ni siquiera cuando se consideran respetables desde muchas generaciones atrás y en muchos lugares. No creáis una cosa porque muchos hablan de ella. No creáis las palabras de los sabios de tiempos pasados. No creáis lo que habéis imaginado, pensando que os lo ha inspirado un dios. No creáis nada basándoos únicamente en la autoridad de vuestros maestros o de los sacerdotes. Tras un profundo examen, creed lo que hayáis experimentado vosotros mismos y reconocido como razonable, y que sea conforme a vuestro bien y al de los demás.

Es asombroso lo que estas palabras de Buda recuerdan un texto considerado uno de los fundamentales de lo que hoy en día llamaríamos el método científico: «El primero [precepto que adopté] era no aceptar jamás como verdadera una cosa que yo no hubiese reconocido con toda evidencia ser tal; es decir, evitar concienzudamente la precipitación y la prevención; e incluir en mis juicios sola y exclusivamente lo que se presentara con tanta claridad y nitidez en mi mente que no tuviera ninguna posibilidad de ponerlo en duda.» ¡Así se expresaba René Descartes en El discurso del método*!*

¡La simetría entre los dos textos es extraordinaria, en efecto! Yo lo interpreto como un signo de universalidad del proceder budista.

Sigamos con el análisis del Óctuple Sendero. ¿A qué se hace referencia con las palabras «medios de existencia correctos»?

Para el budista es inaceptable obtener los medios de subsistencia con métodos que puedan causar sufrimiento, sea a sí mismo o a otros. Consideramos tales los que consisten en comerciar con armas, seres vivos, carne o bebidas y sustancias que corrompen el espíritu.

¿Qué es la atención perfecta?

La vigilancia. Quien no se obliga a permanecer vigilante y atento se deja flotar como una tabla en el océano de las ilusiones. ¿Recuerda lo que dijimos sobre la cólera? Dejarse llevar por ella, cuando se ha comprendido cuán nefasta es y cuánto sufrimiento produce, es una típica falta de vigilancia: sé que ese comportamiento es malo e inútil, pero no me daré cuenta de ello hasta que la cólera me haya sorprendido en mi distracción... Quien practica la atención perfecta no se deja arrastrar por sus impulsos, sus sentimientos o sus ideas sin haberlos examinado previamente.

La atención perfecta es también la capacidad de comprender y analizar, a fin de lograr despegarse de las cosas, todos los productos de nuestro espíritu: ideas, pensamientos, sentimientos, deseos..., ya sean evidentes o estén ocultos.

¿Ocultos?

Sí. El budismo descubrió mucho antes que los occidentales lo que ustedes llaman el inconsciente. Buda lo llamaba *amushaya*: las tierras impenetrables. Se había dado cuenta de que en nuestro cuerpo actúan procesos fisiológicos inconscientes, como la digestión o los latidos del corazón. Por asociación de ideas, dedujo que en el interior del espíritu podían producirse fenómenos similares.

Y la voluntad perfecta, ¿qué es?

La voluntad perfecta y el esfuerzo perfecto pueden unirse en la confluencia de la sabiduría y la moralidad. Según las Escrituras, existen cuatro esfuerzos. El primero es el esfuerzo destinado a evitar los pensamientos falaces, las ideas malsanas y los actos negativos.

El segundo se dirige a dominar. Consiste en rechazar, expulsar las malas tendencias que ya nos han invadido: los celos, la cólera, los pensamientos ilusorios.

El objetivo del tercer esfuerzo es adquirir las cualidades de las que carecemos: ecuanimidad, penetración, concentración, tranquilidad...

El cuarto esfuerzo se ejerce con la finalidad de mantener. Se trata no sólo de conservar las cualidades adquiridas y evitar su pérdida o su deterioro, sino también de desarrollarlas hasta la perfección.

Todos estos esfuerzos sólo son posibles con ayuda de una voluntad perfecta, libre de tres tipos de pensamiento: los pensamientos falseados por los sentidos, los pensamientos de mala voluntad y los pensamientos crueles. Buda destacó la importancia de la voluntad con estas palabras, pronunciadas bajo el árbol al pie del cual recibiría la Iluminación:

> Que mi piel, mis músculos, mis nervios, mis huesos y mi sangre se sequen antes de que renuncie a mis esfuerzos sin haber alcanzado todo cuanto se puede alcanzar mediante la perseverancia y la energía humanas.

Y también dijo:

> No os desviéis de lo que habéis decidido. Cuando hayáis visto vuestro objetivo, aferraos a él con fuerza.

Estas consideraciones sobre la voluntad, así como estas citas, dan a entender con claridad que el budismo es también una disciplina. Muchísimos occidentales, sin embargo, lo toman por una especie de distracción.

Esta disciplina, para retomar su pregunta inicial, es también moral. Aquel que ha adquirido las visiones justas, lleva a cabo los esfuerzos necesarios para hacerlas prevalecer en su vida y actúa movido por una voluntad perfecta, se convierte en una persona apta para llevar una conducta de vida mejor, es decir, que puede pronunciar palabras correctas, realizar acciones correctas y obtener medios de existencia correctos. Esto exige respetar lo que llamamos los Cinco Preceptos:

— no matar;
— no robar;
— no mantener relaciones sexuales ilegales;
— no mentir;
— no ingerir bebidas que embriagan.

La tradición ha desarrollado estos preceptos en una lista más larga que consta de diez reglas denominadas los Diez Actos meritorios, enunciados aquí según las palabras de Buda.

No matar, obrar con consideración hacia toda vida humana, animal o vegetal, no destruir despreocupadamente.

No usurpar ni robar. Ayudar a todos a poseer los frutos de su trabajo.

No cometer adulterio. Vivir castamente.

No mentir. Decir la verdad con discreción, no para herir a los demás, sino con benevolencia, compasión y prudencia.

No hacer uso ni de bebidas fermentadas ni de ninguna droga embriagadora.

No proferir juramentos. No enzarzarse en conversaciones vanas, fútiles o malignas.

Hablar con moderación y dignidad cuando se tiene motivo para hacerlo, o bien guardar silencio.

No calumniar ni murmurar; no hacerse eco de calumnias ni de maledicencias. No criticar ni censurar, sino buscar los aspectos favorables que pueda haber en nuestro prójimo, a fin de defender con sinceridad a quienes son atacados.

No codiciar los privilegios de que gocen los que nos rodean. Alegrarse de las cosas buenas que les sucedan.

Rechazar la maldad, la cólera, el desdén, la mala voluntad. No alimentar odio, ni siquiera contra aquellos que nos hacen daño. Tener para con todos los seres vivos sentimientos de bondad, benevolencia y amor.

Combatir la ignorancia en uno mismo y en los que le rodean. Permanecer vigilante en la búsqueda de la verdad, por temor a acabar aceptando pasivamente la duda y la indiferencia, o a caer en el error que aleja del Sendero que conduce a la Paz.

En las religiones judía y cristiana, los Diez Mandamientos de Dios incluyen cinco o seis reglas, según cómo sean interpretados, idénticas a las del budismo, mientras que el resto hacen referencia a la organización de la religión.

En ese caso, una vez más se manifiesta la universalidad tan querida al budismo. No obstante, tras una apariencia de unanimidad pueden ocultarse diferencias.

Para el budismo, por ejemplo, la prohibición de matar es teóricamente absoluta y también incluye a los animales, los criminales o los enemigos contra los que se lucha en la guerra.

Pero existen pueblos oficialmente budistas que se matan entre sí, y algunos budistas consumen carne...

¡Nadie es «oficialmente» budista! Todavía no hemos creado..., ¿cómo lo llaman ustedes...?

¿Una marca?

Sí... ¡No tenemos marca oficial!

(Ríe conmigo y prosigue:)

En lo que respecta a las guerras, las revoluciones y las luchas entre pueblos budistas, es cierto que existen y que provocan muertes, matanzas y exacciones. Eso significa que el ideal del budismo impregna a los hombres de una manera imperfecta. ¡También hay personas «oficialmente» cristianas que cometen asesinatos!

En cuanto al hecho de que la prohibición de matar implica la de comer carne, algunos han intentado soslayarla argumentando que el propio Buda comió una «delicia de jabalí», cosa que, por lo demás, parece ser que agravó su estado poco antes de morir.

Conozco ese episodio. Pero Alexandra David-Neel, de la que ya hemos hablado, afirma que la «delicia» en cuestión no era un plato de carne, sino una seta con la que se deleitan los jabalíes.

Seguramente, pero en definitiva eso es lo de menos, ya que Buda nos invitó a encontrar en nosotros mismos y no en su existencia el valor de sus preceptos.

¿Cómo explica la importancia que se da en los Diez Preceptos a la templanza y la castidad?

Aunque el budismo prohíbe la lujuria, como ya hemos visto, no afirma que el celibato o la castidad basten para avanzar hacia el Despertar. En cuanto a la prohibición de las bebidas que alteran el espíritu, resulta fácil de entender, ya que esas sustancias nos impiden descender por nuestro interior, que es la condición propia de la meditación y del Conocimiento.

Me contaron una historia asegurándome que era muy popular entre los budistas. Un día, un demonio puso a prueba a un monje. Lo colocó en situación de tener que infringir los preceptos y le dio a elegir: ¿prefería matar una cabra, beber alcohol o mantener una relación sexual con una mujer? El hombre se puso a reflexionar. Matar una cabra constituía una infracción grave, eso era indudable. En cuanto a mantener una relación carnal con una mujer, la idea bastaba para hacerlo retroceder. Así pues, se decidió por ingerir una bebida prohibida.

Cuando estuvo ebrio, pensamientos lujuriosos invadieron su conciencia e hizo el amor con la mujer. Ésta le pidió después una buena comida, y para complacerla él mató la cabra.

Supongo que esta historia resume las razones por las que el budismo otorga tanta atención a todo aquello que puede corromper el espíritu.

¡Exacto!

Ya ha mencionado las diferentes posiciones desde las que se puede interpretar el budismo, según lo que cada uno haya avanzado hacia el Conocimiento. Supongo que las reglas y las prohibiciones de las que hemos hablado van dirigidas principalmente a quienes consideran el budismo ante todo una religión, y no tanto a los que ya han avanzado bastante hacia su propia realización. De todas formas, tanto para los unos como para los otros sigue planteándose una cuestión: ¿qué posición ocupan realmente las mujeres en el budismo?

En lo que se refiere a la enseñanza de Buda, las mujeres tienen exactamente los mismos derechos, especialmente en la vía del Gran Vehículo. Incluso podría añadirse que las enseñanzas tántricas le conceden una importancia especial.

Sin embargo, al releer ahora la vida de Buda he descubierto la suerte que reservó a su tía Ma-

haprajapati, que lo crió tras la muerte de la reina Maya, su madre.

Mucho después de que Sakyamuni hubiera recibido el Despertar, Mahaprajapati solicitó ser admitida en la comunidad que él había fundado, pero fue rechazada a causa de una tradición brahmánica que prohibía a las mujeres la renuncia. Mahaprajapati insistió día tras día. Día tras día, Buda, con una frialdad increíble, se negó a abrirle la puerta. Tal vez ella no esperaba más que una palabra, pero no obtuvo nada. Finalmente, unos años más tarde, Ananda, que era el principal discípulo de Buda, intercedió ante él en favor de su tía.

Entonces se aceptó a las mujeres en la comunidad, aunque en el marco de una regla más dura y bajo la autoridad de los monjes. Además, Buda expresó su temor de que la entrada de las mujeres en el sangha *amenazaba con acortar la duración del budismo.*

¿Cómo interpreta usted la frialdad y la desconfianza de Buda hacia las mujeres?

(Por primera vez desde el inicio de la entrevista me parece percibir, tal vez equivocadamente, que la pregunta no inspira a mi interlocutor ninguna alegría, ninguna prisa en responder.)

Durante el Despertar, Buda tuvo que enfrentarse a Mara, que reinaba sobre las divinidades infernales. Mara le hizo temer, a posteriori, el peligro que podía representar la «magia» de las mujeres para la comunidad. Por lo demás, no olvidemos que la época estaba muy impregnada de las tradiciones antiguas de la India, entre ellas la imposibilidad de que una mujer viviera sin depender de un familiar. No hay que conceder demasiada importancia a esas cuestiones. De hecho, Buda prefería respetar las creencias dominantes para no suscitar debates sobres asuntos secundarios en los que se habría diluido su enseñanza principal.

¿Existen divinidades femeninas?
Muchísimas.

¿Podemos renacer como una mujer?
¡Naturalmente!

¿Y no constituye eso una regresión ni una sanción «kármica»?

(Por primera vez desde que hemos abordado esta cuestión, Bokar Rimpoché rompe a reír.)

¡Por supuesto que no! Es más, ya que este asunto le preocupa, le diré que en el budismo no sólo las mujeres son iguales que los hombres, sino que las nociones de feminidad y masculinidad nos parecen puros artificios producidos por el espíritu. Son, como esta mesa, conceptos ilusorios y sin consistencia real.

Hemos mencionado los cismas que en ocasiones han escindido el mundo budista. ¿Siguen existiendo en nuestros días desviaciones de la práctica?

(Risas.)

¡Sí! Existían en la época de Buda, se dieron en los siglos siguientes y todavía hoy podríamos descubrirlas. He oído hablar de un lama que ha establecido en su país el culto a su persona. Es de lo más absurdo, pues, teniendo en cuenta que creemos en la no permanencia de todas las cosas, evidentemente no podemos admitir que se extraigan del budismo elementos fundamentalistas... De hecho, siempre ha habido los que enseñan la vía justa y los otros...

¿Cómo explica el éxito actual del budismo en Occidente?

Me parece que los tibetanos nunca han practicado un proselitismo furibundo. No se les ha visto llamar a las puertas de las casas en las grandes capitales occidentales... Tampoco pienso, en contra de lo que algunos creen, que los occidentales se dejen fascinar sistemáticamente por todo lo que viene de Oriente. Simplemente creo que el budismo responde a una necesidad extrema, desde el momento en que permite calmar el espíritu, atenuar los conflictos interiores, apaciguar las pasiones, hacer que nazca la paz y la serenidad.

¿Qué peligros corren con más frecuencia los occidentales en su práctica del budismo?

A menudo se sienten tentados por la novedad. En cuanto llega un nuevo maestro a su vecindario, en cuanto se introduce una nueva práctica, en cuanto se crea un nuevo grupo de meditación o de retiro, se precipitan hacia él sin pensar que producirá una ruptura de la enseñanza seguida hasta entonces y destruirá los progresos realizados.

¿No procede ese peligro, al menos en parte, de la increíble diversidad de escuelas, corrientes y tendencias del budismo? ¿Cómo elegir la más conveniente para uno?

Antes de iniciar una práctica y seguir una enseñanza, hay que informarse muy bien. Ahora existen centros budistas en casi todas las capitales del mundo y en muchas grandes ciudades. Tras haber hecho una elección razonada, se puede comenzar la práctica. Una vez iniciada, resulta peligroso interrumpirla, porque eso puede provocar una gran confusión pese a que la mayoría de las escuelas coinciden en lo esencial.

Por otro lado, algunos occidentales convierten la meditación en un reto, una hazaña que se sienten orgullosos de haber realizado cuando han conseguido una paz relativa. ¡Esta tentación se contradice totalmente con la Enseñanza! Y luego están tan ocupados en llevar más lejos el desafío que no tardan en estancarse.

Otros, al finalizar la primera sesión de meditación se convierten en defensores de su nueva práctica. Se transforman en proselitistas y se creen tan por encima de los demás como para acoger en su regazo a practicantes mal informados. ¡Cuidado, peligro!

En contrapartida, a los occidentales les gusta especular sobre nociones complicadas como el espíritu o el vacío y se prestan gustosos a los juegos de la inteligencia. Sin ninguna duda, eso les ayuda mucho, sobre todo en la práctica de la meditación.

¿Se pueden trasladar realmente las enseñanzas del budismo al modo de vida y de pensamiento occidental?

Yo creo que sí, aunque al principio nociones como la no permanencia o la relación con la realidad puedan parecerles enormemente sutiles e incluso chocantes.

¿No es el materialismo occidental difícilmente conciliable con una creencia que preconiza despegarse de las cosas, el problema principal? Un occidental se dirá: «Quiero sinceramente desprenderme de todo, pero ¿puedo olvidar mis responsabilidades para con los demás?» En una sociedad industrial, las personas están más interconectadas y dependen más unas de otras que en una sociedad tradicional.

¿Qué quiere decir?

Las posibilidades de sobrevivir de una forma autónoma, por ejemplo, son mayores en una so-

ciedad de tipo agrario, en la que cada cual puede arreglárselas por sus propios medios. En el mundo occidental, sin embargo, un empresario puede poner en peligro a decenas e incluso miles de personas si decide despegarse de todo. En una familia en la que el hombre es el único que trabaja, ¿puede éste realmente escoger la indigencia, cuando ello supondría una catástrofe para su mujer y sus hijos? Y yo aún iría más lejos: para los ricos la indigencia puede ser una elección; pero ¿qué se le dice a quien no tiene nada, a quien se encuentra, como sucede cada vez con más frecuencia en nuestros países, excluido de todo? ¿No puede convertirse la práctica budista en Occidente en una actitud desmembradora de la sociedad?

Su pregunta reposa sobre numerosos malentendidos. El más grave se debe a que concibe la Enseñanza de Buda como un molde único que se aplica uniformemente a todos los seres, a todos los individuos, a todos los tipos sociales..., ¡a todos los países y a todos los continentes! En realidad, esa enseñanza tiene una finalidad muy precisa: aliviar los sufrimientos de los demás para que puedan encontrar la paz interior. Sabemos, puesto que acabamos de hablar de ello, que la Enseñanza ha sido objeto de muchas variantes. Pero no hay que olvidar el hecho de que también se puede recibir en diferentes grados, ni tampoco que sin duda ése es uno de sus patrimonios esenciales. Una de sus bases es la adquisición del desapego, de acuerdo. Pero ¿por qué cree que ese desapego debe ser total y absoluto? ¿No se da cuenta de que una actitud de aislamiento de esa naturaleza, al poner a otros seres en peligro, chocaría de plano con el principio sagrado de la compasión? Además, ¿acaso no condenó Buda los abusos del ascetismo?

El desapego, si es vivido con mesura, no debe aislar a los seres. Al contrario, el budismo enseña que todos los individuos funcionan igual. Si nos observamos, vemos nuestro deseo de ser dichosos y de no sufrir. Luego comprendemos que todos tienen el mismo deseo de dicha, la misma aspiración a evitar el sufrimiento. Gracias a la compasión, que surge así, nos prohibimos perjudicar a los demás. Por lo tanto, debemos aceptar nuestras responsabilidades para con ellos. ¡En ningún caso se puede invocar el desapego para eludirlas!

La cuestión que se plantea no es realmente ésa. En términos generales, resulta evidente que la comodidad material, que debería liberar al hombre para permitirle una actividad espiritual, lo aprisiona. Pero al menos los occidentales están acostumbrados a la abundancia; y el progreso, al mostrarles sus contradicciones y sus límites, ha perdido su poder de atracción. En cambio, temo que las necesidades materiales de mi país o de otros países pobres sean tan grandes y tan previsibles que para satisfacerlas se actúe en detrimento de la práctica espiritual.

¿Cree que los budistas y los cristianos podrían enriquecer juntos sus prácticas respectivas?

Sí. Se me acaba de ocurrir que entre ellos se da una paradoja. En todo lo referente a la comprensión del mundo, el espíritu de los asiáticos tiende a la fe, a la necesidad de creer. Para enseñarles el *dharma*, en general es preferible empezar por todas esas nociones maravillosas que pueden chocar a los occidentales, como las divinidades o los milagros. Eso no les planteará problemas, creerán de una forma espontánea. Luego se irá subiendo hacia lo absoluto. Los occidentales son más racionales y primero tratan de aprehender lo esencial; a partir de ahí, más tarde resultará fácil hacerles comprender que se basa en nociones que ustedes llamarían «místicas». Quieren percibir primero la naturaleza esencial de las cosas, y sólo admitirán el resto si su inteligencia acepta las nociones expuestas.

En el plano religioso, en cambio, los cristianos basan sin pestañear toda su construcción espiritual en la fe, ¡la adhesión absoluta y gratuita a una creencia!

Budistas y cristianos tienen en común, por razones diferentes, el hecho de darse a los demás. Pero la espiritualidad de los segundos es una práctica de la obediencia que no requiere forzosamente profundizar en uno mismo. Sin duda eso es lo que nos diferencia.

En definitiva, supongo que todas las religiones coinciden en un mismo impulso hacia el bien común de todos los seres. El budismo, sin embargo, sigue siendo el único sistema que ha elaborado un método práctico para conseguir aliviar el sufrimiento y aportar la felicidad.

En una ocasión cité esta frase de la filósofa Simone Weil: «La gran fuerza del cristianismo es que propone no un remedio para el sufrimiento, sino un uso del sufrimiento.»

¡Y la gran fuerza del budismo es que propone no un uso del sufrimiento, sino un remedio para el sufrimiento!

Añadiré que, tras haber comprendido lo que debe comprender, tras haber recorrido una parte del camino que debe recorrer, tras haberse compadecido del dolor de los demás seres, el budista se percata de que no le queda otro modo de vida cotidiano que la alegría. Es como si ese estado, que todavía no es la felicidad pero que se aleja radicalmente de la resignación, se impusiera a él sin él haber intentado de ninguna manera conquistarlo. Si has eliminado las lamentaciones inútiles y el miedo al futuro, si no incrementas el sufrimiento por culpa de la idea que te haces de él, si ya no ves a los demás como enemigos potenciales, si no esperas de tus donaciones más que la dicha de dar y si la muerte ya no te parece un final, entonces permanecerá ante ti la belleza del mundo y del instante presente: la alegría que proporciona un rayo de sol, una sonrisa o una flor. Esa alegría, que a usted se le ha manifestado a través de un brillo en la mirada de nuestros monjes, se sitúa más allá de las nociones de esperanza y desesperación. Suponga que un joyero ha utilizado plata pura para tallar una joya y a continuación la ha recubierto de estaño. Si rasca el metal vulgar, acabará por encontrar el metal precioso. Cuando las ilusiones han desaparecido queda la alegría, que es residual.

Y la alegría respeta el *dharma*, a los demás seres y el espíritu.

La alegría es la única solución...

ÍNDICE